ATLAS GÉNÉRAL

DE

GÉOGRAPHIE

DÉFINITIONS.

1. GÉOGRAPHIE. La *géographie* est la description de la surface de la terre. On la divise en deux parties : la géographie *physique* et la géographie *politique*.

2. GÉOGRAPHIE PHYSIQUE. La *géographie physique* étudie la conformation du sol terrestre, ses montagnes (*orographie*) et ses cours d'eau (*hydrographie*).

3. GÉOGRAPHIE POLITIQUE. La *géographie politique* étudie les peuples de la terre, les limites qui les séparent, leurs institutions politiques et leurs grands travaux.

LA TERRE.

4. MOUVEMENTS DE LA TERRE. La terre est une des *huit principales planètes* qui tournent autour du soleil. Elle est soumise à une *double rotation* : elle tourne d'abord sur elle-même en un *jour* de 24 heures avec une vitesse de 464 m. par seconde; elle tourne ensuite une fois de plus sur elle-même et autour du soleil en une année de 365 jours, avec une vitesse de 30 kil. par seconde.

5. RÉSULTATS. Ces mouvements produisent le jour et la nuit, l'année et ses *quatre saisons*, le printemps, l'été, l'automne et l'hiver.

6. AXE ET POLES DE LA TERRE. L'*axe de la terre* est la ligne autour de laquelle elle tourne sur elle-même. Le *pôle nord* ou *arctique* est le point de sa surface qui se confond avec cette ligne du côté de l'étoile polaire. Le point opposé s'appelle *pôle sud* ou *antarctique*.

7. POINTS CARDINAUX. Les quatre points cardinaux sont le *Nord*, l'*Est*, le *Sud* et l'*Ouest*. Le *Nord* est marqué par l'étoile polaire qui semble immobile dans le firmament. En la regardant, on a devant soi le *Nord* ou *Septentrion*; à sa droite, l'*Est* (Orient ou Levant), où le soleil se lève; à sa gauche, l'*Ouest* (Occident ou Couchant), où le soleil se couche; enfin, derrière soi, le *Sud* ou *Midi*.

8. ROSE DES VENTS. La *rose des vents* se forme des quatre points cardinaux entre lesquels on place quatre autres points intermédiaires, N.-E., S.-E., S.-O., N.-O., puis huit autres, N.-N.-E., E.-N.-E , E.-S.-E., etc.

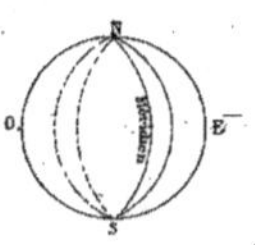

9. FORME DE LA TERRE. La terre est un vaste amas de roches, de terres et d'eaux. Elle est ronde, ou plutôt de *forme sphéroïdale*, c'est-à-dire que tous les points de sa surface sont à peu près à égale distance d'un point intérieur appelé *centre*; elle est cependant un peu *aplatie* aux pôles.

10. INDICES DE LA SPHÉRICITÉ. On reconnaît que la terre est ronde : 1° par son *ombre* sur le disque de la lune dans les éclipses; 2° par la *marche des vaisseaux* qui disparaissent d'abord par leur partie inférieure, lorsqu'ils s'éloignent, et se montrent d'abord par leurs mâts, lorsqu'ils s'approchent; 3° par les *voyages des navigateurs*, qui ont fait le tour du monde; 4° par le *nivellement*, l'observation des astres et divers procédés scientifiques.

11. ÉQUATEUR. L'*équateur* est une circonférence que l'on imagine tracée sur la terre à égale distance des deux pôles. Il partage la surface de la terre en deux *hémisphères*, l'un *boréal*, l'autre *austral*; et a tous ses points à égale distance des pôles.

12. MÉRIDIENS. Les *méridiens* sont des circonférences qui passent par les deux pôles de la terre. On en choisit un comme point de départ des autres, et on l'appelle *le premier méridien*. Les autres sont tracés à des distances égales à l'Est et à l'Ouest du 1er.

13. PARALLÈLES. Les *parallèles* sont des circonférences qui coupent les méridiens en sens inverse, c'est-à-dire de l'Est à l'Ouest. On les appelle *parallèles*, parce que tous leurs points sont à *égale distance* de l'équateur.

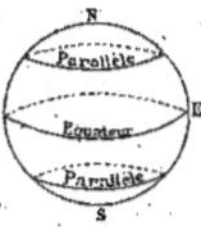

14. LONGITUDE. La *longitude* d'un point, d'une ville par exemple, est la distance en degrés de ce point au 1er méridien. Elle est tracée par les méridiens et marquée en chiffres à leur extrémité.

La longitude est orientale ou occidentale. Elle est *orientale*, quand le point considéré est à l'orient du 1er méridien; *occidentale* dans le cas contraire. On compte 180 degrés à l'E. et autant à l'O., du 1er méridien, le 180e étant leur limite commune. Il y a donc en tout 360 degrés de longitude.

15. LATITUDE. La *latitude* d'un point de la surface terrestre est la distance en degrés de l'équateur à ce point. Elle est marquée 0° sur l'équateur; 1°, 2°, 3°, etc., sur les parallèles, au nord et au sud de l'équateur.

La latitude est dite *boréale*, quand le point en question est au nord de l'équateur; *australe*, dans le cas contraire.

On compte 90 degrés de latitude boréale et autant de latitude australe; les 90es degrés se confondent avec chacun des deux pôles. Il n'y a donc que 180 degrés de latitude.

L'*équinoxe* (égalité des nuits) a lieu lorsque le soleil passe au-dessus de l'équateur; le *solstice d'été*, lorsqu'il parvient à 23° 27' 38'' de latitude boréale; le *solstice d'hiver*, lorsqu'il parvient à 23° 27' 38'' de latitude australe. Ces deux positions sont appelées *tropique du Cancer* (au nord) et *tropique du Capricorne* (au sud).

16. PREMIER MÉRIDIEN. Le *1er méridien* est celui à partir duquel on compte les degrés de *longitude*; il est toujours marqué 0°, mais il n'est pas le même chez les différents peuples.

En France, c'est le *méridien de Paris*. En Angleterre, c'est celui de Greenwich, qui est à 2° 20' à l'ouest de celui de Paris; autrefois, on avait adopté le *méridien de l'île de Fer*, l'une des Canaries, à 20° à l'ouest de celui de Paris.

17. DIVISION DES DEGRÉS. Chaque *degré* de longitude ou de latitude se subdivise en 60 *minutes*; chaque minute en 60 *secondes*, etc. Un même nombre de degrés pris en différents endroits de la terre, ne représente point toujours la même distance.

18. LE MÈTRE. Le *mètre* est la dix-millionième partie du quart du méridien terrestre. Pour l'obtenir, les géomètres ont mesuré des arcs de méridien et en ont déduit la longueur totale d'un méridien. En la divisant en 40 millions de parties, ils ont trouvé le *mètre*, qui est notre mesure de longueur.

En réalité, le *mètre* est un peu moindre que la dix-millionième partie du quart du méridien terrestre.

Les auteurs étrangers à la France emploient d'autres mesures :

Le *mille des Romains* valait 1481m;

Le *mille anglais* équivaut à 1609m;

Le *mille marin*, qui correspond à un 60e de degré, 1852m;

Le *mille géographique*, usité en Allemagne, à 7410m;

Enfin, les Russes emploient la *verste*, qui vaut 1067m.

19. TOUR DU MONDE. Le *tour du monde* dans sa plus grande longueur est représenté par l'équateur; il est de 40,000 kil. ou de 10,000 lieues de 4 kil. En effet, l'équateur est à peu près égal à un méridien.

Les *méridiens*, passant par les pôles, sont un peu plus courts que l'équateur, parce que la terre est aplatie aux pôles et renflée à l'équateur.

20. DEGRÉS CONSÉCUTIFS. Deux *degrés consécutifs* pris soit sur l'équateur, soit sur un méridien, sont éloignés l'un de l'autre d'un 360e de méridien, ou de 111 kil. 111 m. Leur écartement fournit une *échelle*, pour mesurer les distances sur les cartes.

Il n'en est pas de même, lorsqu'ils sont pris sur les parallèles. Car comme les méridiens vont en se rapprochant vers les pôles, les intervalles qu'ils laissent entre eux vont en diminuant. Cet intervalle, qui est de 111 kil. 111 m, à l'équateur, n'est plus que de 78 kil. au 45e degré; de 55 kil. au 60e; il devient nul au pôle.

REPRÉSENTATIONS DE LA TERRE.

21. GLOBES ET CARTES. Les *globes* sont des sphères, sur lesquelles on a représenté les accidents de la terre; les *cartes* sont des surfaces planes, sur lesquelles on a retracé d'une manière analogue la configuration des mers et des terres.

GLOBE TERRESTRE.

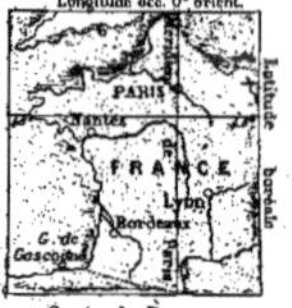

Carte de France.

22. MAPPEMONDE ET PLANISPHÈRE. Les *mappemondes* et les *planisphères* sont des cartes qui représentent la surface terrestre dans sa totalité. Les cartes *générales* sont celles qui représentent plusieurs contrées à la fois; les cartes *particulières* n'en représentent qu'une seule.

La surface de la terre étant arrondie, et les cartes étant plates, la représentation est toujours imparfaite.

23. ORIENTATION DES CARTES. L'*orientation* d'une carte est la manière dont les points cardinaux y sont représentés. Ordinairement, la partie supérieure d'une carte indique le nord du pays qui y est tracé.

Les degrés de *longitude* sont marqués aux extrémités des méridiens et par suite à la partie supérieure et à la partie inférieure de la carte. Les degrés de *latitude* sont marqués à gauche et à droite, aux extrémités des parallèles.

LES MERS.

24. CONTINENTS ET OCÉANS. On appelle *continents* les immenses étendues de terres entourées par les eaux. On donne le nom d'*océans* aux immenses étendues d'eaux qui séparent les continents les uns des autres. Des lignes tracées sur la carte indiquent les contours des terres et des eaux.

25. MERS. Les *mers* sont de vastes portions d'un océan, limitées par des parties plus ou moins considérables des continents. Ainsi la *mer Méditerranée* est formée par l'Océan Atlantique, qui pénètre entre l'Europe, l'Asie et l'Afrique.

26. ÎLES. Les *îles* sont des terres relativement peu étendues, entourées de tous côtés par les eaux. Par ex.: l'*île de Madagascar*, à l'E. de l'Afrique.

27. ARCHIPELS. Les *archipels* sont des réunions d'îles rapprochées les unes des autres. Par ex.: l'*archipel de la Mère de Dieu*, à l'O. de l'Amérique du Sud.

28. PRESQU'ÎLES. Les *presqu'îles* sont des terres presque entièrement entourées d'eau, excepté d'un côté, où elles se rattachent au continent. Par ex.: la *presqu'île de Crimée*, au sud de la Russie.

29. ISTHMES. Les *isthmes* sont des portions de terre assez resserrées qui rattachent les presqu'îles aux continents, ou les continents entre eux. Par ex.: l'*isthme de Pérékop*, qui réunit la Crimée à l'Europe; l'*isthme de Panama*, qui relie les deux Amériques.

30. DÉTROITS. Les *détroits* sont des portions étroites de mers, qui séparent deux terres voisines. Par ex. : le *détroit de Gibraltar* entre l'Afrique et l'Europe; le *détroit du Pas-de-Calais* entre la France et l'Angleterre.

31. CAP. Un *cap* ou *promontoire* est une pointe de terre élevée, qui s'avance dans la mer. Par ex.: le *cap Vert*, à l'ouest de l'Afrique.

32. GOLFE. Un *golfe* est un vaste enfoncement de la mer, au milieu des terres; ce n'est qu'une *baie* ou une *anse*, si l'enfoncement est plus resserré. Par ex.: le *golfe de Guinée* en Afrique; le *golfe de Gascogne* en France; la *baie de Gibraltar* en Espagne, l'*anse de Miquelon* (col. fr.).

33. RADE. Une *rade* est une étendue de mer protégée contre les vents violents par les côtes ou les îles qui l'environnent. Par ex.: la *rade de Cherbourg* en France.

34. PORT. Un *port* est un rivage ou une ville où les navires peuvent aborder en sûreté pour charger ou décharger des marchandises. Par ex. : le *port de Cherbourg*.

35. COURANTS. Les *courants* sont des volumes d'eau entraînés par un mouvement rapide.

Les *courants de mer* sont des endroits où les eaux de la mer, indépendamment des vents, sont portées d'une manière continue dans une même direction. Par ex.: le *courant du Golfe*, à l'est de l'Amérique du Nord.

36. MARÉES. Les *marées* sont des mouvements périodiques des eaux de la mer. Dans la marée *montante* ou *flux*, les eaux s'élèvent; dans la marée *descendante* ou *reflux*, les eaux s'abaissent. Ce double mouvement, produit par l'attraction de la lune et du soleil, se répète, sur nos côtes, deux fois par jour.

LES TERRES.

37. COTES. On appelle *côtes* ou *rivages* d'une contrée les portions de cette contrée qui sont baignées par la mer. Quelquefois elles sont sablonneuses et bordées de *dunes*, c'est-à-dire de monticules de sables, que le vent accumule sur le rivage. Par ex.: les *dunes de Dunkerque*.

QUESTIONNAIRE. 15. Qu'est-ce que la latitude..., australe, boréale? Combien de degrés de latitude? 16. Qu'est-ce que le premier méridien... est-il le même partout? 17. Comment se subdivise chaque degré? 18. Qu'est-ce que le mètre? 19. De quelle longueur est le tour du monde? 20. Quelle distance y a-t-il entre deux degrés consécutifs?

21. Qu'appelez-vous globes et cartes? 22. Qu'entendez-vous par mappemondes et planisphères? ... cartes générales ou particulières? 23. Qu'est-ce que l'orientation d'une carte? Où sont marqués les degrés de longitude et de latitude? 24. Qu'appelle-t-on continents ou océans? 25. ... mers? 26. ... îles? 27. ... archipels? 28. ... presqu'îles? ... 29. ... isthmes?

30. Qu'est-ce qu'un détroit? 31. ... un cap? 32. ... un golfe? 33. ... une rade? 34. ... un port? 35. Qu'appelez-vous courants? 36. ... marées? ... flux et reflux? 37. ... côtes?

38. FALAISES. Les *falaises* sont des rochers ou des terrains élevés qui tombent presque à pic sur le bord de la mer. Par ex. : les *falaises de Normandie*.

39. PLAINE. Une *plaine* est une étendue de terrains peu élevés au-dessus du niveau de la mer. Par ex. : la *plaine de la Métidja* en Algérie.

40. MONTAGNE. On appelle *montagne* une élévation de terre au-dessus des plaines qui l'environnent. Par ex. : l'*Atlas*.

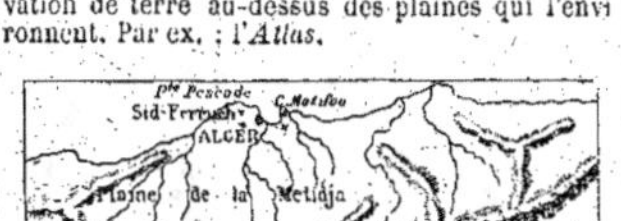

41. COL. Les *cols* sont les endroits où une chaîne de montagnes s'abaisse et permet de passer d'un flanc de la montagne à l'autre. On les appelle quelquefois *pas*, *portes*, *trouées*.

On les appelle *défilés*, lorsqu'ils ne laissent qu'un passage long et étroit entre deux hauteurs ou entre une montagne et une masse d'eau. Ex. : *col de Roncevaux* (Pyrénées) ; *trouée de Belfort*, entre les Vosges et le Jura ; *défilé de Bard* (Alpes); *pas de Suze; portes Caucasiennes*, etc.

42. PIC. Un *pic* est une montagne isolée ou une cime de montagne, s'élevant d'une manière abrupte, en forme de cône ou de pain de sucre, au-dessus des terres voisines. Par ex. : le *pic de Ténériffe*, aux îles Canaries ; le *pic de Corlitte*, aux Pyrénées.

43. BALLON. Un *ballon*, *puy* ou *dôme*, est une montagne terminée par un sommet arrondi. Par ex. : le *ballon d'Alsace*, le *Puy-de-Dôme*.

44. VOLCAN. Un *volcan* est une montagne qui vomit du sein de la terre, ouvert en cratère, des tourbillons de feu et de fumée, de la lave en fusion et d'autres matières enflammées. Par ex. : le *Vésuve*, en Italie ; l'*Etna*, en Sicile.

La France n'offre pas de volcans *en activité;* mais nous y trouvons de nombreux volcans *éteints*, par ex. au Puy-de-Dôme.

45. GEYSER. Un *geyser* est une source intermittente d'eau bouillante qui s'élance dans les airs. L'Islande nous offre des geysers et des volcans; de nombreux cratères y vomissent des torrents de boue.

46. TREMBLEMENT DE TERRE. Un *tremblement de terre* est une secousse subite du sol, produite par des forces souterraines. Lorsque certaines matières enflammées ou en ébullition font effort pour sortir de l'enveloppe terrestre et ne trouvent point d'issue, elles ébranlent ou brisent le sol, et parfois renversent les villes ou les engloutissent.

47. PLATEAU. Un *plateau* est une étendue de terrain plat ou presque plat, mais assez élevé au-dessus des plaines voisines. Ex. : le *plateau d'Orléans*, au nord de la Loire.

48. ALTITUDE. L'*altitude* d'un lieu est son élévation au-dessus du niveau de la mer. Ainsi l'altitude du Mont-Blanc, qui est le point le plus élevé du sol français, est de 4,810^m.

49. TUNNEL. Un *tunnel* est un souterrain creusé sous une montagne ou un plateau, pour y faire passer une route, un canal, un chemin de fer, etc. Par ex. : le *tunnel du Mont-Cenis*, dans les Alpes.

LES COURS D'EAU.

50. LIGNE DE PARTAGE. On appelle *ligne de partage* des eaux la série de montagnes ou de hautes terres qui forcent les eaux à couler dans différentes mers et divisent la surface terrestre en versants et en bassins.

51. VERSANT. Un *versant* est une étendue de terrains, qui vont en s'inclinant du sommet d'une ou de plusieurs chaînes de montagnes vers les côtes de la mer. Par ex. : le *versant de la Baltique*.

52. BASSIN. Un *bassin* est la partie d'un versant dans laquelle les terrains s'abaissent à l'intérieur vers le lit d'un cours d'eau qui en forme la partie la plus basse. Par ex. : le *bassin de la Seine*.

53. CEINTURE. La *ceinture* d'un bassin est la suite des montagnes ou des hauteurs qui en forment la limite.

54. VALLÉE. Une *vallée* est la portion d'un bassin, qui est limitée de part et d'autre par des hauteurs. Par ex. : *vallée de l'Allier*, de *l'Yonne*.

55. FLEUVES. Les *fleuves* sont des cours d'eau considérables, qui se jettent à la mer et peuvent être remontés à une distance notable par des bâtiments à voile ou à vapeur. Par ex. : la *Loire*.

56. RIVIÈRES. Les *rivières* sont des cours d'eau parfois considérables, qui se jettent dans un fleuve, ou de faibles cours d'eau navigables, qui se jettent directement à la mer. Par ex. : la *Marne*, la *Somme*.

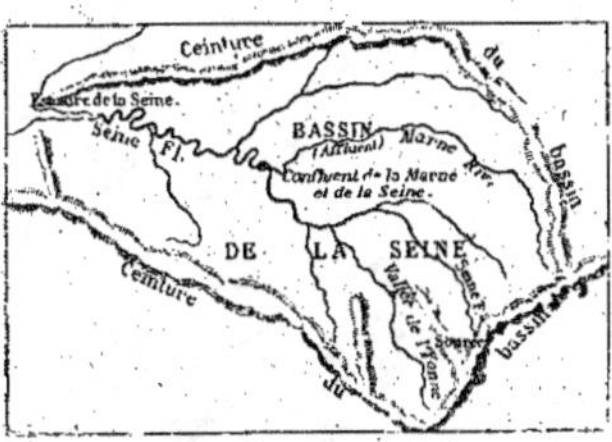

57. AFFLUENT. Un *affluent* d'un fleuve est une rivière qui se jette dans ce fleuve. Ainsi la Marne est un affluent de la Seine.

58. CONFLUENT. Le *confluent* est le lieu où deux cours d'eau se réunissent. Ainsi Lyon est au confluent du Rhône et de la Saône; Charenton, au confluent de la Marne et de la Seine.

Quelquefois les deux rivières laissent entre elles une pointe de terre, qui porte le nom de *Bec*; par ex. : le *Bec d'Ambez*, entre la Garonne et la Dordogne.

59. ESTUAIRE. L'*estuaire* d'un fleuve est une sorte de baie que ce fleuve forme en se jetant dans la mer. Par ex. : l'*estuaire de la Seine*.

60. THALWEG. Le *thalweg* d'un fleuve est la ligne formée par les points les plus bas du lit de ce fleuve.

61. RIVE D'UN FLEUVE. La *rive droite* d'un fleuve est celle que l'on a à sa droite, lorsqu'on descend le cours du fleuve, en regardant son embouchure. La rive opposée est la *rive gauche*.

62. TORRENT. Un *torrent* est une rivière qui coule avec impétuosité sur un terrain très incliné. Les torrents, grossis par les pluies ou la fonte des neiges, causent souvent de grands dégâts sur leurs rives.

63. SOURCE. La *source* d'un cours d'eau est le lieu où il prend son origine. Les cours d'eau sont produits par les pluies, ou par les glaciers ou les neiges qui, en se fondant, versent leurs eaux sur les flancs des montagnes ; ou par les dépôts souterrains d'eaux pluviales, qui, arrivant à un niveau supérieur à celui de la plaine, s'échappent de la terre, quelquefois en bouillonnant avec force.

Ainsi la *Seine* a sa source à 471^m de hauteur, la *Loire* à 1430^m, le *Rhône* à 1754^m, et la *Garonne* à 1872^m.

64. LAC. Un *lac* est une vaste étendue d'eau retenue au milieu des terres. Certains terrains étant imperméables à l'eau, forment un lac, lorsqu'étant au-dessous des terres voisines, ils retiennent les eaux des pluies. Les lacs sont souvent formés par un fleuve ou une rivière, qui les traverse. Par ex. : le *lac de Genève*, formé par le Rhône.

65. ÉTANG. Un *étang* est une moindre étendue d'eau retenue au milieu des terres. Si l'eau ne fait que couvrir ou imbiber des terrains bourbeux, c'est un *marais*. Par ex. : l'*étang de Berre*, près de Marseille; les *marais de la Somme*, en Picardie.

66. DIGUE. Une *digue* est un rempart élevé pour contenir les eaux d'un fleuve ou de la mer.

67. CANAL. Un *canal* est un cours d'eau artificiel, muni d'écluses, qui retiennent les eaux à des niveaux différents, permettent aux bateaux de monter ou de descendre des côtes, et les font ainsi passer d'un fleuve à un autre, à travers des montagnes.

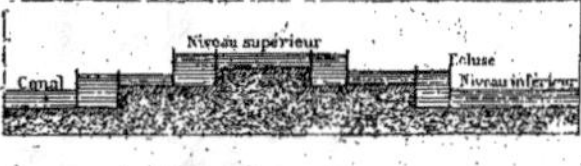

68. AQUEDUC, VIADUC. Un *aqueduc* est un pont en arcades construit au-dessus d'une vallée pour le passage d'un canal. Un *viaduc* est un pont analogue pour le passage d'une route, d'un chemin de fer.

QUESTIONNAIRE. 38: Qu'appelez-vous falaises? 39. ... plaine? 40. ... montagne? 41. ... cols, pas; défilés? 42. Qu'est-ce qu'un pic? 43. ... un ballon? 44. ... un volcan? 45. ... un geyser? 46. ... un tremblement de terre? 47. Qu'est-ce qu'un plateau? 48. Qu'est-ce que l'altitude d'un lieu?
49. Qu'est-ce qu'un tunnel? 50. Qu'appelez-vous ligne de partage des eaux? 51. ... versant? 52. ... bassin? 53. ... ceinture d'un bassin? 54. ... vallée? 55. ... fleuves? 56. ... rivières? 57. ... affluent? 58. ... confluent. 59. ... estuaire?
60. Qu'est-ce que le thalweg d'un fleuve? 61. ... la rive droite et la rive gauche? 62. ... un torrent? 63. ... source d'un fleuve? 64. ... lac? 65. ... étang? 66. ... digue? 67. ... canal? 68. ... aqueduc... et viaduc?

MAPPEMONDE

PLANISPHÈRE

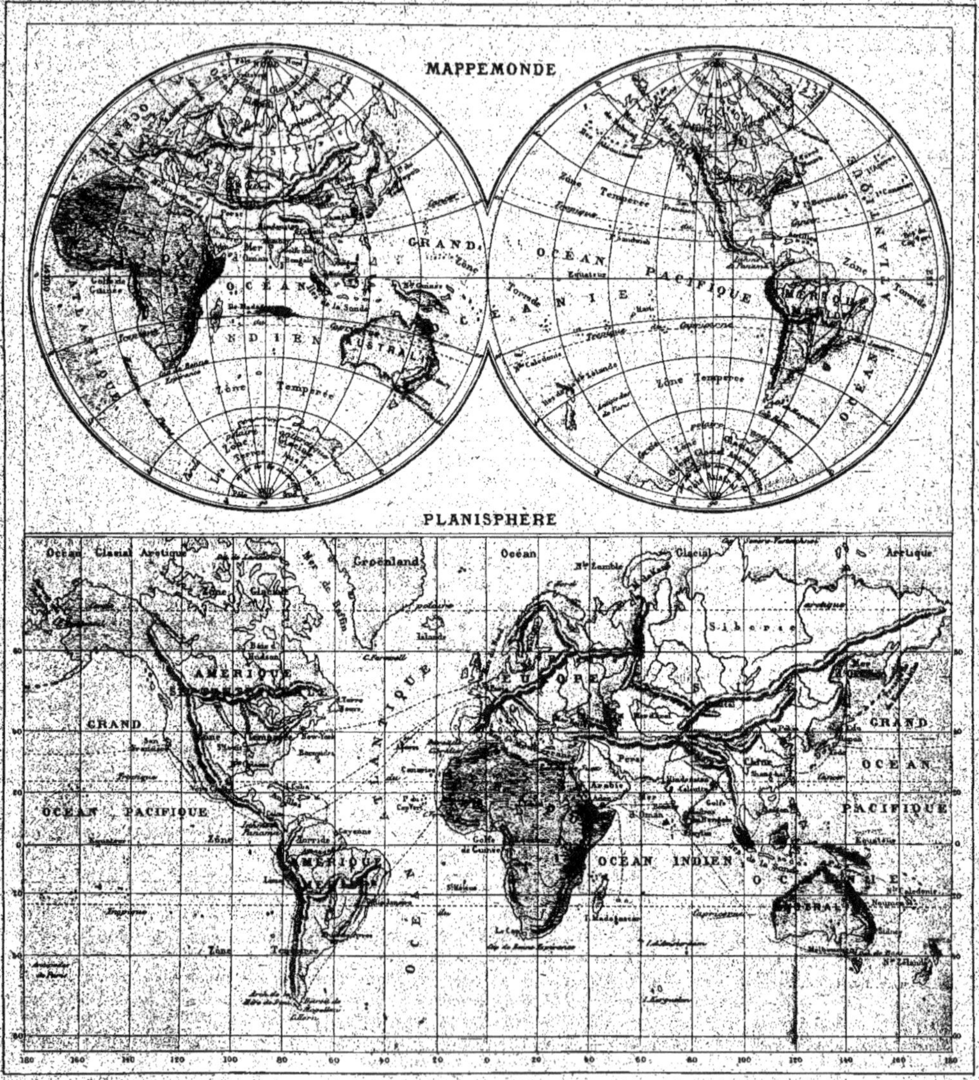

MAPPEMONDE ET PLANISPHÈRE.

1. MAPPEMONDE. La *mappemonde* est une représentation de toute la surface terrestre, sous la forme de deux hémisphères.

2. PLANISPHÈRE. Le *planisphère* représente aussi toute la surface terrestre, mais en la développant sur une surface plane.

La mappemonde et le planisphère permettent d'étudier l'ensemble de la surface terrestre et la position relative des continents et des mers.

3. TERRES ET EAUX. Les *eaux* occupent les trois quarts de la surface terrestre; les *terres*, l'autre quart.

Eaux . . . . :	374,000,000 de kil. carrés.
Terres . . . :	136,000,000 —
Surface terrestre :	510,000,000 de kil. carrés.

4. RÉPARTITION DES TERRES. Les *terres* qui n'occupent que 136,000,000 de kil. carrés, comprennent l'*ancien* et le *nouveau continent*, et l'ensemble des *îles* qui s'y rattachent ou qui forment l'*Océanie*.

5. LES CINQ PARTIES DU MONDE. Trois parties du monde se trouvent dans l'ancien continent : l'*Europe*, l'*Asie* et l'*Afrique*. Le nouveau continent forme l'*Amérique*, la 4ᵉ partie du monde; les îles forment la 5ᵉ, l'*Océanie*.

6. ÉTENDUE ET POPULATION :

	Étendue.	Population.
Europe .	10,000,000 kil. c.	335,000,000 hab.
Asie .	45,000,000 . . .	810,000,000 »
Afrique .	29,000,000 . . .	210,000,000 »
Amérique	41,000,000 . . .	105,000,000 »
Océanie .	11,000,000 . . .	40,000,000 »
Total .	136,000,000 kil. c.	1,500,000,000 hab.

SITUATION RESPECTIVE DES CINQ PARTIES DU MONDE.

7. EUROPE. L'*Europe* est située au N.-O. de l'ancien continent; elle confine à l'Asie par les deux chaînes des monts Ourals et du Caucase. Elle est peut-être la moins étendue de toutes les parties du monde; mais elle n'en est pas moins la plus civilisée et la plus influente sur les destinées des peuples.

8. ASIE. L'*Asie* est située au N.-E. de l'ancien continent. Elle est la plus vaste des cinq parties du monde; elle a été la première habitée, et elle reste la plus peuplée, surtout au S.-E. Parvenue à un certain degré de civilisation, elle semble y rester stationnaire.

9. AFRIQUE. L'*Afrique* est située au S.-O. de l'ancien continent, auquel elle se rattache par l'isthme de Suez. Encore peu connue sur son littoral, elle est tout à fait inexplorée dans certaines portions centrales, où l'on cherche à pénétrer.

De nombreux explorateurs, *Barth*, *Speke*, *Livingstone*, *Stanley* et de *Brazza* ont rendu leurs noms célèbres par leurs voyages en Afrique.

10. AMÉRIQUE. L'*Amérique* est formée de deux presqu'îles réunies par l'isthme de Panama. Elle fut découverte, en 1492, par Christophe Colomb.

11. OCÉANIE. L'*Océanie* s'étend au S.-E. de l'Asie. Elle comprend l'Australie, à laquelle on donne parfois le nom de continent austral, et une multitude d'îles disséminées dans le Grand Océan.

OCÉANS.

12. LES CINQ GRANDS OCÉANS. Les eaux forment cinq *grands Océans*, qui sont : l'Océan Glacial Arctique, l'Océan Atlantique, l'Océan Pacifique ou Grand Océan, l'Océan Indien et l'Océan Glacial Antarctique.

13. OCÉAN GLACIAL ARCTIQUE. L'*Océan Glacial Arctique* s'étend depuis le pôle nord jusqu'aux côtes septentrionales de l'Europe, de l'Asie et de l'Amérique. Le cercle polaire arctique le sépare de l'Océan Atlantique et de l'Océan Pacifique. Il est toujours couvert de glaces dans le voisinage du pôle. — *Étendue* : 15,292,411 k. c.

14. OCÉAN ATLANTIQUE. L'*Océan Atlantique* sépare l'Europe et l'Afrique de l'Amérique. Il communique avec l'Océan Glacial Arctique par la mer de Baffin et le détroit de Lancastre; avec l'Océan Pacifique par le détroit de Magellan et le *canal de Panama*. — *Étendue* : 79,721,274 k. c.

15. OCÉAN PACIFIQUE. L'*Océan Pacifique* ou *Grand Océan* sépare l'Asie et l'Océanie de l'Amérique. Il communique avec l'Océan Glacial Arctique par le détroit de Behring, avec l'Océan Indien par les détroits de Malacca, de la Sonde, de Torrès et de Bass. — *Étendue* : 161,125,673 k. c.

16. OCÉAN INDIEN. L'*Océan Indien* est compris entre l'Afrique, l'Asie et l'Océanie. Au S., ses eaux s'unissent à celles de l'Océan Atlantique, de l'Océan Glacial Antarctique et de l'Océan Pacifique; au N.-O., il communique avec l'Océan Atlantique par la mer Rouge, le canal de Suez, la mer Méditerranée et le détroit de Gibraltar. — *Étendue* : 73,325,872 k. c.

17. OCÉAN GLACIAL ANTARCTIQUE. L'*Océan Glacial Antarctique* s'étend du cercle polaire antarctique aux terres australes ou au pôle antarctique. Cet Océan, toujours fermé par des barrières de glaces, est le plus éloigné des parties habitables du globe et, par suite, le moins fréquenté. — *Étendue* : 20,477,800 k. c.

ZONES.

18. LES CINQ ZONES. La terre est divisée en cinq zones : une torride, deux tempérées et deux glaciales.

La *zone torride* est la portion de la surface terrestre, sur laquelle les rayons solaires tombent perpendiculairement. Elle va du tropique du Cancer au tropique du Capricorne, 23° 27' 38" au nord et au sud de l'équateur.

Les *zones tempérées* sont celles que les rayons solaires éclairent toujours, mais jamais perpendiculairement. Celle du nord va du tropique du Cancer au cercle polaire arctique, 66° 32' 22" de latitude nord. Celle du sud va du tropique du Capricorne au cercle polaire antarctique, 66° 32' 22" de latitude sud.

Les *zones glaciales* sont celles où les rayons solaires n'apparaissent que pendant une partie de l'année. Elles vont depuis les cercles polaires jusqu'aux pôles.

19. ZONE TORRIDE. La *zone torride* a un climat très chaud, parce que le soleil se trouve toujours directement au-dessus de quelqu'un de ses points. La température est moins élevée près de l'équateur que près des tropiques. La végétation y est très active; mais des périodes alternatives de pluies et de sécheresses en rendent le séjour dangereux aux Européens.

20. ZONES TEMPÉRÉES. Les *zones tempérées* ont une chaleur modérée; les jours de pluie et de beau temps y sont moins continus; aussi ces zones sont-elles les plus favorables à l'habitation de l'homme.

21. ZONES GLACIALES. Les *zones glaciales* éprouvent un froid très intense, parce que les rayons du soleil, quand ils y arrivent, sont très inclinés. Dans la zone glaciale arctique, le soleil brille longtemps en été sans se coucher; en hiver, il est longtemps sans y paraître. C'est l'inverse dans la zone glaciale antarctique.

22. ÉTENDUE RESPECTIVE. La zone torride occupe les deux cinquièmes du globe, 202,980,000 k. c.; les zones tempérées un peu plus de la moitié, 265,200,000 k. c.; les zones glaciales un douzième seulement, 41,820,000 k. c.

L'HOMME.

23. RACES HUMAINES. La terre est habitée par différentes espèces d'êtres vivants, à la tête desquels se trouve l'espèce humaine. Tous les individus de l'espèce humaine ont les mêmes caractères essentiels. Toutefois, des différences accidentelles de conformation physique, de couleur, de traits, les font grouper en trois races : la race *blanche*, la race *jaune* et la race *nègre*.

24. RACE BLANCHE. La *race blanche* ou *caucasique* habite l'Europe, une partie de l'Asie et de l'Océanie. Elle a le visage ovale, le front haut et vertical, le teint blanc. C'est la plus intelligente et la plus civilisée des races humaines.

25. RACE JAUNE. La *race jaune* ou *mongolique* habite surtout l'Asie. Elle a le visage large et aplati, les yeux longs et inclinés obliquement, le teint olivâtre. Elle est intelligente, mais moins perfectible.

26. RACE NÈGRE. La *race nègre* habite surtout l'Afrique et l'Océanie. Elle a le front déprimé, le nez large, les lèvres grosses, les joues saillantes, le teint noir ou plus ou moins foncé. C'est la moins civilisée des races humaines.

27. INDIENS. Les *indigènes de l'Amérique*, appelés *Peaux-Rouges*, paraissent n'être qu'un mélange des trois races humaines. Aujourd'hui la race blanche, venue d'Europe, domine de beaucoup en Amérique.

28. OCÉANIENS. Les *Océaniens* se rapprochent par leurs traits principaux de la race jaune et de la race nègre.

QUESTIONNAIRE. 1. *Qu'est-ce qu'une mappemonde?* 2. *... un planisphère?* 3. *Quelle étendue occupent les eaux, les terres, la surface terrestre?* 4. *Que comprennent les terres?* 5. *Quelles sont les cinq parties du monde?* 6. *... leur étendue et leur population?* 7. *Où est située l'Europe?* 8. *... l'Asie?* 9. *... l'Afrique?* 10. *... l'Amérique?* 11. *... l'Océanie?* 12. *Quels sont les cinq grands Océans?* 13. *... l'Oc. Gl. Arctique?* 14. *... l'Oc. Atlantique?* 15. *... l'Océan Pacifique?* 16. *... l'Oc. Indien?* 17. *... l'Oc. Gl. Antarctique?* 18. *Quelles sont les zones terrestres?* 19. *... le climat de la zone torride?* 20. *... des zones tempérées?* 21. *... des zones glaciales?* 22. *... leur étendue?* 23. *Par qui la terre est-elle habitée?* 24. *Où habite la race blanche?* 25. *... la race jaune?* 26. *... la race nègre?* 27. *Que dites-vous des Indiens?* 28. *... des Océaniens?*

SOL DE L'EUROPE.

1. BORNES. L'*Europe* est bornée à l'O. par l'*Océan Atlantique*; au N., par l'*Océan Glacial Arctique*; à l'E., par l'*Asie*, dont elle est séparée par les monts Ourals, le fl. Oural et la mer Caspienne; au S., par l'*Asie* et l'*Afrique*.

2. Au Sud, l'Europe est *séparée de l'Asie* par la chaîne du Caucase, la mer Noire, le détroit de Constantinople, la mer de Marmara et le détroit des Dardanelles; elle est *séparée de l'Afrique* par la mer Méditerranée et le détroit de Gibraltar.

La *mer Méditerranée* unit l'Europe, l'Afrique et l'Asie; elle est partagée en deux bassins par la Sicile. Elle atteint 3,600^m de profondeur et mesure 2,885,522 k. c.

L'Europe compte 10,000,000 de k. c. Elle est quatre fois moindre que l'Amérique et dix-neuf fois plus grande que la France.

3. MERS. Les eaux qui environnent l'Europe de trois côtés, forment, en y pénétrant, des *mers particulières*; les principales sont :

Au N., la mer d'Irlande, la Manche, la mer du Nord et la mer Baltique, *formées par l'Océan Atlantique*; puis la mer Blanche et la mer de Kara, *formées par l'Océan Glacial*.

Au S., la mer *Adriatique*, la mer Ionienne, l'Archipel ou mer Égée, la mer de Marmara, la mer *Noire* et la mer d'Azov. La mer *Caspienne* est à 20^m au-dessous de la mer Noire.

Ces mers procurent à l'Europe 33,000 k. de *littoral*, et avec les îles 48,000, c'est-à-dire à peu près cinq fois le littoral de l'Afrique, précieux avantage qui facilite les rapports commerciaux par mer.

4. DÉTROITS. Ces mers communiquent entre elles par *douze principaux détroits* :

Au N., le détroit du *Pas-de-Calais*, le *Sund*, le grand Belt et le petit Belt; les détroits de Kara et de Waïgatz.

Au S., le détroit de *Gibraltar*, le détroit de Bonifacio, le détroit de Messine, le détroit des *Dardanelles*, le détroit de Constantinople ou *Bosphore* et le détroit d'Iénikalé.

Le détroit de Constantinople a 30 kil. de long sur 500 à 700^m de large; celui des Dardanelles, 60 kil. de long sur 6 à 10 kil. de large. Ils forment la clef de la mer Noire.

5. ILES. Les *principales îles* que baignent ces mers sont :

Au N.-O., les îles Britanniques (*Irlande* et *Grande Bretagne*), auxquelles on peut rattacher les Hébrides, les Orcades, les Shetland, les îles Feroë et l'*Islande*.

6. *Au N.-E.*, Helgoland et les îles Loffoden, *dans la mer du Nord*; le *Spitzberg*, l'archipel François-Joseph, l'île Kalgouef, la *Nouvelle-Zemble* et l'île Waïgatz, *dans l'Océan Glacial*; puis l'archipel danois (*Séeland, Fionie*, etc.), Bornholm, OËland, Gottland, OEsel, Dago et les îles d'Aland, *dans la mer Baltique*.

7. *Au S.*, les *Baléares* (Iviça, Majorque et Minorque); l'île d'Elbe, la *Corse* et la *Sardaigne*, les îles Lipari, la *Sicile* et Malte; les îles Ioniennes, *Candie*, Négrepont et l'archipel des Cyclades.

8. GOLFES. Les *principaux golfes* de l'Europe sont au nombre de dix :

Un à l'O., le golfe de Gascogne;

Quatre au N., les golfes du Zuyderzée, de Riga, de Finlande et de Bothnie;

Cinq au S., les golfes du Lion, de Gênes, de Tarente, de Lépante et d'Odessa.

9. PRESQU'ILES ET ISTHMES. L'Europe forme au *N.*, la presqu'île du Jutland, la péninsule *scandinave* et les péninsules Kola et Kanin, à l'entrée de la mer Blanche; *au S.*, la péninsule *hispanique*, la péninsule *italienne*, la péninsule *des Balkans*, dont fait partie la presqu'île de *Morée*, enfin la presqu'île de *Crimée*.

Ces deux dernières se rattachent au continent par les isthmes de *Corinthe* et de *Pérékop*.

Les péninsules de l'Europe forment symétrie avec celles de l'Asie; la *Scandinavie* répond au Kamtchatka; la *Grande-Bretagne*, au Japon; l'*Espagne*, l'*Italie*, etc., à l'Indo-Chine, l'Hindoustan et l'Arabie.

10. CAPS. Les *principaux caps* de l'Europe sont au nombre de dix :

Cinq à l'O., le cap Saint-Vincent, le cap Finisterre, la pointe Saint-Matthieu, le cap Land's End, le cap Mizen;

Deux au N., le cap Lindesness et le cap Nord;

Trois au S., le cap Tarifa, le cap Passaro et le cap Matapan.

11. VERSANTS. L'Europe est partagée en *deux versants*, par une suite de montagnes et de collines, qui courent *du S.-O. au N.-E.*, depuis le cap Tarifa jusqu'aux monts Ourals. *Celui du N.-O.* porte ses eaux dans les mers formées par l'Atlantique et l'Océan Glacial; *celui du S.-E.* dans la mer Caspienne, et les mers formées par la Méditerranée.

12. LIGNE DE PARTAGE DES EAUX. Ces montagnes sont : *en Espagne*, les monts Ibériques; *en France*, les Pyrénées et les Corbières, les Cévennes et les monts Faucilles, les Vosges et le Jura; *en Suisse et en Allemagne*, les Alpes du mont St-Gothard à la Forêt-Noire, et les Alpes de Souabe.

En Autriche-Hongrie, les monts de Bohême et de Moravie, les monts Sudètes et les Karpathes; *en Russie*, les collines de Pologne, le plateau de Valdaï et les monts Uvaldi, qui se réunissent au nœud de l'Oural avec la grande chaîne des monts Ourals.

Ces montagnes atteignent 3600^m au sud de l'Espagne; 3,404^m dans les Pyrénées; 4,810^m près du Rhône, en France; 2700^m dans les Karpathes; environ 1500^m au nœud de l'Oural. Au-dessus de 2,700^m, elles gardent des neiges éternelles.

13. AUTRES MONTAGNES. Les autres principales montagnes sont : *dans la Grande Bretagne*, les monts Cheviots et les monts Grampians; dans la *péninsule scandinave*, les monts Dofrines; les Apennins, *en Italie*; les Balkans, plus à l'est vers la mer Noire, *en Turquie*; enfin le Caucase, le point culminant du sol européen, *en Russie*.

L'Europe offre aussi quelques volcans : le mont *Hécla*, en Islande; l'*Etna*, en Sicile; le *Vésuve*, en Italie.

14. FLEUVES. Les versants sont partagés *en autant de bassins qu'il y coule de fleuves*.

Les *fleuves du versant N.-O.* sont : le Guadalquivir, la Guadiana, le Tage, le Douro et le Minho, *en Espagne*; la Garonne, la Loire, la Seine, l'Escaut et la Meuse, *dans la région française*; le Rhin, le Weser, l'Elbe, l'Oder et la Vistule, *dans la région allemande*; le Niémen, la Duna, la Néva, l'Onéga, la Dwina, le Mezen et la Petchora, *dans la région russe*. Le Kara sépare l'Europe de l'Asie.

15. Les *fleuves du versant S.-E.* sont : l'Èbre, *en Espagne*; le Rhône, *en France*; l'Arno, le Tibre et le Pô, *en Italie*; la Maritza et le Danube, *en Turquie*; le Dniester, le Dniéper, le Don, le Volga et l'Oural, *en Russie*.

Le Volga a un cours de 3,800 kil.; l'Oural, de 3,000 kil.; le Danube, de 2,850 kil. C'est ce dernier fleuve qui est le plus avantageux à l'Europe.

16. LACS. Les *principaux lacs* de l'Europe sont : *dans la Scandinavie*, les lacs Wener, Wetter et Mælar; *en Russie*, les lacs Peypous, Ladoga et Onéga; *aux pieds des Alpes*, les lacs de Constance et de Genève, au N.-O., *en Suisse*; les lacs Majeur, de Côme et de Garde, au S., *en Italie*; le lac Balaton, plus à l'E., *en Autriche*.

17. ASPECT GÉNÉRAL. Le *versant N.-O.* de l'Europe offre l'aspect d'une plaine peu accidentée; le *versant S.-E.*, au contraire, est généralement montagneux, excepté au nord de la mer Noire. Ces montagnes sont moins élevées qu'en Amérique et en Asie.

18. AVANTAGES PHYSIQUES DE L'EUROPE. Bien que l'Europe soit en étendue *la plus petite* des cinq parties du monde et qu'elle n'offre pas la riche végétation des pays chauds, cependant, comme elle est mieux exploitée, elle est aussi, relativement à son étendue, *la plus productive*.

Les autres parties du monde offrent de vastes étendues stériles, comme le désert de Gobi en Asie, le Sahara en Afrique. Il n'en existe point en Europe.

19. MINES. Les *mines* de l'Europe recèlent peu de métaux précieux, bien qu'on en tire de l'or (7 millions de fr.) et de l'argent (33 millions); mais elles abondent en métaux utiles, surtout en fer (7 millions de tonnes), en plomb, en étain, en cuivre, etc., en combustibles (houille, anthracite); en sel gemme; en carrières de marbres et d'ardoises, etc.

20. VÉGÉTAUX. Le *sol* de l'Europe, bien arrosé, fournit abondamment à l'homme tous les produits nécessaires, non seulement à la vie, mais encore au bien-être. Les produits principaux sont les céréales (blé, seigle, avoine, etc.), les plantes légumineuses, fourragères et oléagineuses; les arbres fruitiers, la vigne, le mûrier; les bois de chauffage et de construction, etc.

Les *régions froides* du Nord offrent surtout des forêts, où croissent les arbres résineux, pins et sapins; les *régions moyennes*, des céréales; celles du *Sud*, des fruits.

21. ANIMAUX. La *faune* de l'Europe, c'est-à-dire l'ensemble de ses animaux, comprend un grand nombre d'*animaux domestiques* (chevaux, bœufs, moutons, etc.) et peu d'*animaux sauvages* nuisibles (l'ours, le loup, le renard, l'aigle, etc.).

Dans l'extrême Nord, le renne tient lieu de tous les autres animaux domestiques.

22. CLIMAT. La position astronomique de l'Europe lui assure un *climat tempéré*, à l'abri des chaleurs accablantes de l'équateur et des froids rigoureux du nord, excepté toutefois dans la partie N.-E. Ce climat est *favorisé au sud*, par les vents d'Afrique, et *à l'ouest*, par le courant du golfe *Gulfstream*, qui vient longer le rivage occidental de l'Europe.

L'Europe est comprise entre les degrés 36° et 71° de latitude *boréale*; 12° (ou 25°) de longitude *occidentale* et 60° de longitude *orientale*.

On y distingue trois climats : *méditerranéen* au S., *océanique* à l'O., *continental* au N.-E.

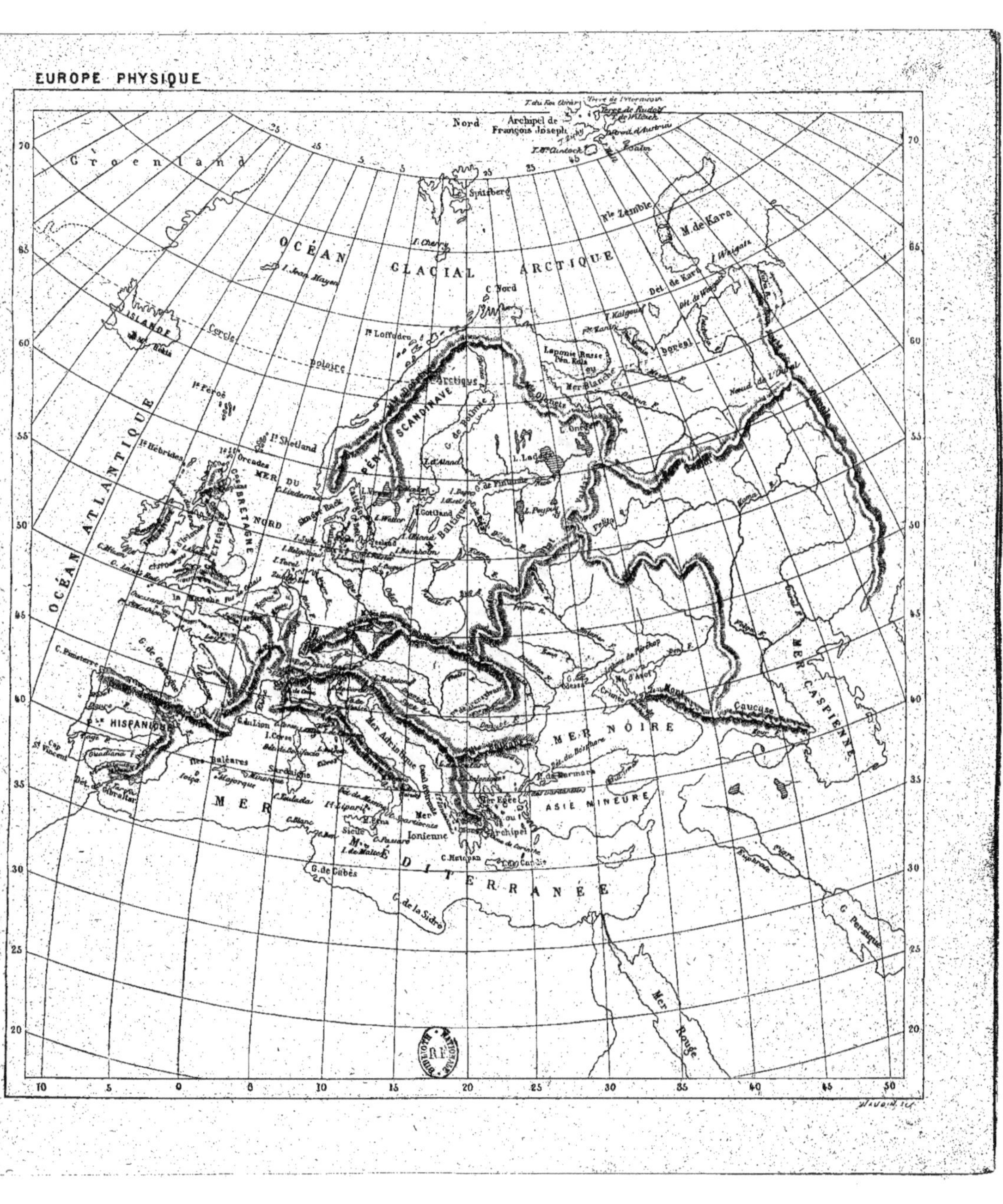

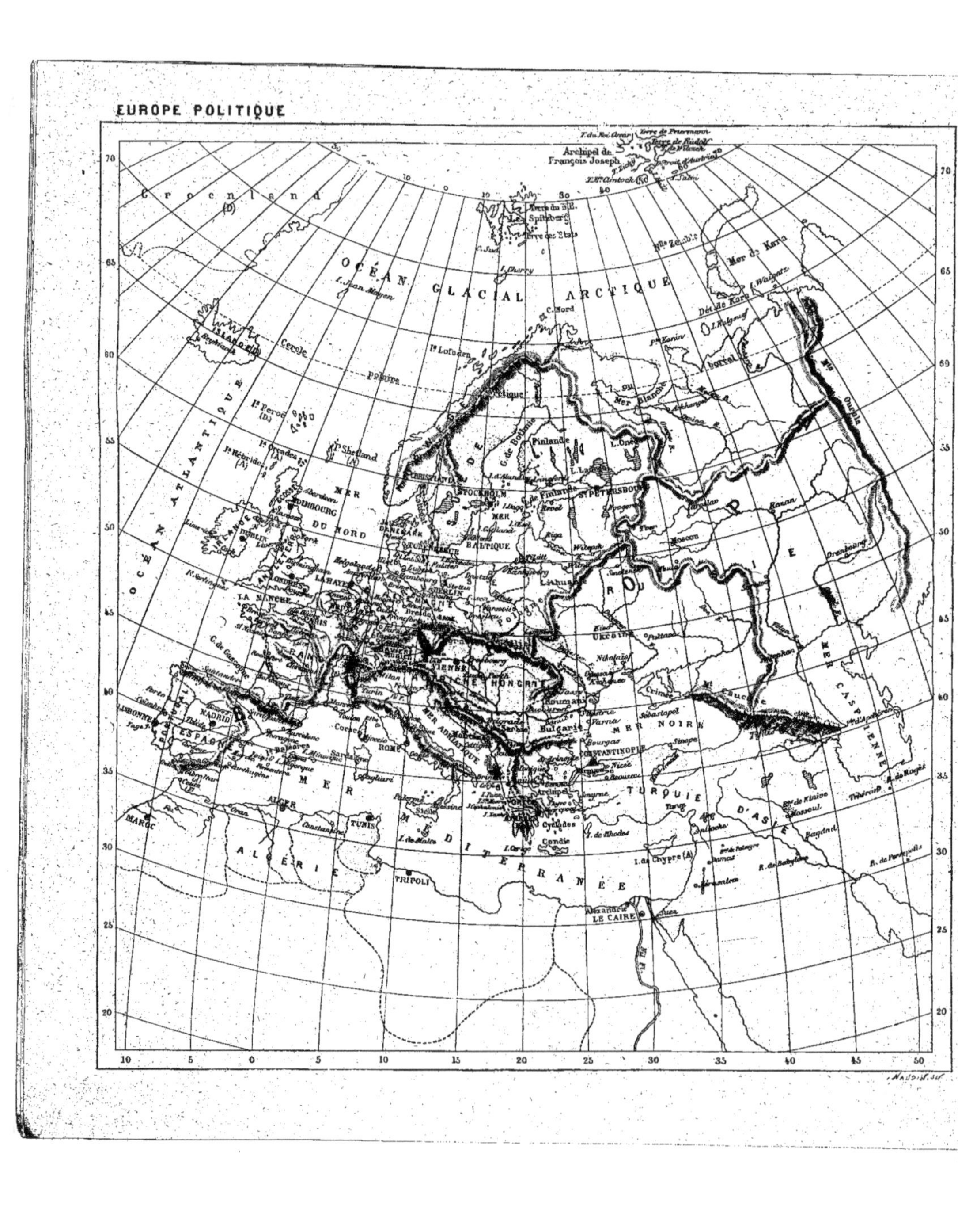

ÉTATS DE L'EUROPE.

1. L'EUROPE, sous le rapport politique, se divise en *dix-huit États*, dont cinq au nord, cinq au centre et huit au sud.

Les États du nord sont : 1° l'Angleterre ; 2° la Belgique ; 3° la Hollande ; 4° le Danemark ; 5° la Suède ;

Les États du centre sont : 6° la France ; 7° la Suisse ; 8° l'Allemagne ; 9° l'Autriche ; 10° la Russie ;

Les États du sud sont : 11° le Portugal ; 12° l'Espagne ; 13° l'Italie ; 14° la Turquie ; 15° la Roumanie ; 16° la Serbie ; 17° le Montenegro ; 18° la Grèce.

L'Europe comprend encore la république de St-Marin, les principautés de Lichtenstein et de Monaco, la république d'Andorre et le Luxembourg.

2. L'ANGLETERRE a pour capitale *Londres* (4,500,000 h.), la plus grande ville de l'Europe. V. p. *Liverpool*, port de commerce ; *Douvres*, port le plus voisin de la France ; *Birmingham* et *Manchester*, villes industrielles. — Popul. 35,200,000 h.

Le royaume comprend au nord : l'*Écosse*, c. *Édimbourg*, v. p. *Glasgow* ; à l'ouest, l'*Irlande*, c. *Dublin* ; les *Hébrides*, les *Orcades*, et les *Shetland* ; *Helgoland*, dans la mer du Nord ; *Gibraltar* et *Malte*, dans la Méditerranée.

Hors de l'Europe, l'Angleterre possède d'immenses colonies, principalement celles de l'*Amérique du Nord*, de l'*Hindoustan* et de l'*Australie*.

3. LA BELGIQUE a pour capitale *Bruxelles* (421,000 h.). V. p. *Anvers*, port sur l'Escaut et place forte. — Popul. 5,800,000 h.

4. LA HOLLANDE a pour capitale *La Haye* (128,000 h.). V. p. *Amsterdam* (350,000 h.). C'est un pays plus bas que la haute mer de deux mètres. Des digues empêchent les eaux d'y entrer. — Popul. 4,400,000 h. La Hollande porte aussi le nom de Pays-Bas. Le roi est duc du Luxembourg.

5. LE DANEMARK a pour capitale *Copenhague* (274,000 h.), située dans l'île *Séeland*, sur le détroit du *Sund*. Le royaume comprend l'archipel danois (*Séeland*, *Fionie*, etc.), la presqu'île du *Jutland*, l'île *Bornholm*, les îles *Feroë* et l'*Islande*, et les îles *St-Thomas*, aux Antilles. — Popul. 2,100,000 h.

6. LA SUÈDE a pour capitale *Stockholm* (185,000 h.) ; le roi de Suède règne aussi sur la *Norvège*, c. *Christiania* (122,000 h.), mais les deux royaumes ont une administration distincte.—Popul. 6,400,000 h., dont 4,600,000 pour la Suède et 1,800,000 pour la Norvège.

7. LA FRANCE a pour capit. *Paris* (2,270,000 h.), siège du gouvernement, du Sénat et de la Chambre des députés. V. p. *Lyon*, centre de la manufacture de la soie ; *Marseille*, principal port de commerce, point de départ des Messageries pour l'isthme de Suez et les Indes ; *Bordeaux*, *Saint-Nazaire* et le *Havre*, d'où partent les Transatlantiques pour le Brésil, Colon, Vera-Cruz, New-York et le Canada ; *Toulon* et *Brest*, ports de guerre.

8. DIVISION. La France est divisée en 86 départements ; elle comprend l'île de *Corse*, c. *Ajaccio*, dans la mer Méditerranée, et possède de belles colonies, en particulier l'Algérie. La France est un des pays du globe où les arts ont atteint leur plus grande perfection. — Popul. 37,672,048 h.

9. LA SUISSE a pour capitale *Berne* (44,000 h.). C'est une République fédérative de 22 cantons. Le pays est élevé et pittoresque, entrecoupé de vallées profondes et de montagnes couvertes de neiges et de glaciers. — Popul. 2,900,000 h.

10. L'EMPIRE D'ALLEMAGNE a pour capitale *Berlin* (1,200,000 h.). Il est formé de 25 États et d'un territoire. — Popul. 45,300,000 h.

Les 25 États comprennent *quatre* royaumes, *six* grands-duchés, *cinq* duchés, *sept* principautés et *trois* villes libres.

11. ROYAUMES. Les *quatre royaumes* sont : la Prusse, la Saxe, la Bavière et le Wurtemberg.

1° LA PRUSSE, c. *Berlin*, sur la Sprée. V. p. *Kœnigsberg* ; *Dantzig*, sur la Vistule ; *Breslau* et *Stettin*, sur l'Oder ; *Magdebourg*, sur l'Elbe ; et *Cologne*, sur le Rhin ; *Kiel*, port sur la Baltique, dans le Sleswig-Holstein. — Popul. 27,300,000 h.

12. 2° LA SAXE, c. *Dresde* (222,000 h.), sur l'Elbe, v. p. *Leipzig*. — Popul. 2,973,000 h.

3° LA BAVIÈRE, c. *Munich* (230,000 h.), sur l'Isar. — Popul. 5,300,000 h.

4° LE WURTEMBERG, c. *Stuttgard* (120,000 h.), à l'O. du Necker. — Popul. 2,000,000 d'h.

13. DUCHÉS. Les six grands-duchés sont : le grand-duché de *Bade*, c. *Carlsruhe* (49,000 h.). — Popul. 1,570,000 h. ; le grand-duché de *Hesse-Darmstadt*, c. *Darmstadt*, v. p. *Mayence* ; le grand-duché d'*Oldenbourg*, les deux grands-duchés de *Mecklembourg* et le grand-duché de *Saxe-Weimar*.

Les cinq duchés sont : le duché de *Brunswick*, c. *Brunswick* ; les trois duchés de *Saxe* et le duché d'*Anhalt*.

Les trois villes libres sont : *Brême*, *Hambourg*, le grand port de l'Allemagne (290,000 h.), et *Lubeck*, ports de commerce.

14. L'empire d'Allemagne comprend encore le territoire d'*Alsace-Lorraine*, c. *Strasbourg* (105,000 h.) ; v. p. *Metz*. Ces deux places fortes ont été perdues par la France au traité de Francfort (1871). — Pop. 1,567,000 h.

15. L'AUTRICHE a pour c. *Vienne* (1,104,000 h.), sur le *Danube*. L'empire d'Autriche comprend la *Hongrie*, c. *Bude-Pesth* (364,000 h.) ; la *Gallicie*, partie de l'anc. Pologne, c. *Lemberg*, v. p. *Cracovie* ; l'anc. roy. de *Bohême*, c. *Prague* ; l'*Istrie*, c. *Trieste*, principal port de l'empire, sur la mer Adriatique. — Popul. 38,000,000 d'h.

16. LA RUSSIE D'EUROPE a pour capitale *Saint-Pétersbourg* (930,000 h.), sur la *Néva*. Cet empire occupe plus de la moitié de l'Europe et comprend la *Finlande*, c. *Helsingfors* ; la *Lithuanie*, c. *Wilna* ; la *Pologne*, c. *Varsovie*, sur la *Vistule*. Cette ville était autrefois la capitale du royaume de Pologne, partagé en 1772, 1793 et 1795, par la Russie, la Prusse et l'Autriche.

Au sud, la Russie comprend la *Crimée*, dont le principal port, *Sébastopol*, fut pris, en 1855, par la France et l'Angleterre.

17. Les *ports* de la Russie sont *Arkhangel*, sur la mer Blanche ; *Saint-Pétersbourg*, sur le golfe de Finlande ; *Odessa* et *Sébastopol*, sur la mer Noire ; *Astrakan*, sur la mer Caspienne. — Popul. de la Russie d'Europe : 88,000,000 d'h.

La Russie possède une grande partie de l'Asie, en particulier la Sibérie.

18. LE PORTUGAL a pour capitale *Lisbonne*, sur le *Tage* (255,000 h.). V. p. *Porto* et *Coïmbre*. Iles *Açores* et *Madère*. — Popul. 4,800,000 h.

19. L'ESPAGNE a pour cap. *Madrid* (500,000 h.). Elle occupe tout le nord-est de la pén. hispanique, et les îles Baléares. Elle possède Ceuta sur la côte d'Afrique, et les îles Canaries, qui font partie intégrante du royaume.

Les principaux ports de l'Espagne sont *Barcelone*, *Carthagène*, *Cadix* et *Santander*. — Popul. 17,000,000 d'h. avec les îles Canaries.

L'Espagne possède de belles colonies en Amérique et en Océanie, en particulier *Cuba* et les *Philippines*.

20. L'ITALIE a pour capitale *Rome* (300,000 h.), sur le Tibre, résidence du souverain Pontife, et du roi d'Italie, qui l'a enlevée au pape en 1870. Ports principaux : *Gênes*, *Naples*, *Messine*, *Brindes*, *Ancône* et *Venise*.

21. L'Italie comprend les anciens États du roi de Sardaigne, c. *Turin*, avec l'île de *Sardaigne*, c. *Cagliari* ; l'ancien royaume *Lombard-Vénitien*, c. *Milan* et *Venise* ; le duché de *Toscane*, c. *Florence* ; les *États de l'Église*, c. *Rome* ; l'ancien royaume de *Naples*, c. *Naples*, avec l'île de *Sicile*, c. *Palerme*. — Popul. 29,000,000 d'h.

22. LA TURQUIE d'Europe a pour capitale *Constantinople* (874,000 h.), sur la mer de Marmara. V. p. *Andrinople*, *Salonique* et *Scutari*. — Popul. 8,600,000 h.

Le traité de Berlin en a détaché trois États : la Roumanie, la Serbie et le Montenegro. Il ne lui a laissé la *Bulgarie* qu'à titre de principauté vassale, c. *Sophia*.

La Turquie conserve l'île de Candie, c. *Candie* ; mais elle a cédé à la Russie ce qu'elle possédait au delà du Pruth et du Danube, et en Asie une portion de l'Arménie.

Elle a dû abandonner à l'Autriche l'occupation de la *Bosnie* et de l'*Herzégovine*, et céder à la Grèce la majeure partie de la Thessalie.

23. LA ROUMANIE a pour capitale *Bucharest* (21,000 h.), v. p. *Jassy*. — Popul. 5,400,000 h.

LA SERBIE a pour capitale *Belgrade* (28,000 h.). — Popul. 1,800,000 h.

LE MONTENEGRO a pour capitale *Cettigné*. — Popul. 250,000 h.

24. LA GRÈCE a pour capit. *Athènes* (85,000 h.). Elle comprend la *presqu'île de Morée*, l'île de *Négrepont*, la *Thessalie*, l'archipel des *Cyclades* et les îles Ioniennes, c. *Corfou*. — Popul. 2,000,000 d'h.

25. CONCLUSION. On peut conclure en résumant que la population de l'Europe est de 335,000,000 d'h. La moitié de cette population est catholique. Le reste est ou protestant, ou schismatique, ou mahométan. Les peuples de l'Europe appartiennent à la race blanche, excepté les Finnois, les Kalmouks et les Turcs, qui se rattachent à une famille de la race jaune.

QUESTIONNAIRE. 1. *Comment se divise l'Europe ?* 2. *Dites-nous quelques mots sur l'Angleterre ;* 3. *... sur la Belgique ;* 4. *... sur la Hollande ;* 5. *... sur le Danemark ;* 6. *... sur la Suède ;* 7. *... sur la France ;* 8. *... sur les possessions de la France ;* 9. *... sur la Suisse ;* 10. *... sur l'empire d'Allemagne.*

11-12. *Quels sont les quatre royaumes de l'empire ?* 13. *... les pr. duchés ?* 14. *... le territoire d'empire ?* 15. Parlez de l'Autriche ; 16. ... de la Russie d'Europe ; 17. ... de ses ports ; 18. ... du Portugal.*

19. *Quelques mots sur l'Espagne ;* 20. *... l'Italie ;* 21. *... les anciens États de l'Italie ;* 22. *... la Turquie ;* 23. *... les trois États détachés de la Turquie.* 24. *Que peut-on conclure ?*

ASIE PHYSIQUE ET POLITIQUE.

1. BORNES. L'*Asie* est bornée à l'O. par l'Afrique et l'Europe ; au N., par l'Océan Glacial Arctique ; à l'E., par l'Océan Pacifique ; au S., par l'Océanie et l'Océan Indien. Elle compte 810,000,000 d'hab. et 45,000,000 de k. c.

ASIE PHYSIQUE.

2. MERS. L'Asie est baignée *à l'ouest*, par la mer Rouge, la mer *Méditerranée*, l'Archipel, la mer de Marmara, la mer *Noire* et la mer *Caspienne* ;

Au nord, par la mer de Kara et l'*Océan Glacial Arctique* ;

A l'est, par l'*Océan Pacifique*, qui forme la mer de *Behring*, la mer d'Okhotsk, la mer du Japon, la mer Jaune, la mer Orientale et la mer de Chine ;

Au sud, par l'*Océan Indien*, qui forme la mer d'Oman. On trouve à l'intérieur la mer d'Aral.

3. GOLFES. Quelques *golfes* sont formés par ces mers : le g. d'*Anadir*, par la mer de Behring ; le g. du *Kamtchatka*, par la mer d'Okhotsk ; le g. du *Pétchéli*, par la mer Jaune ; le g. du *Tonkin* et de *Siam*, par la mer de Chine ; le g. du *Bengale*, par l'Océan Indien ; les g. *Persique* et d'*Aden*, par la mer d'Oman.

4. DÉTROITS. Outre les *détroits* communs à l'Europe et à l'Asie (v. Europe), on trouve à l'E., les dét. de *Behring*, de la *Pérouse* et de *Corée* ; au S., les dét. de *Malacca*, de *Palk*, d'*Ormuz* et de *Bab-el-Mandeb*.

5. ILES. Les *îles* de l'Asie sont : à l'O., les îles de *Chypre* (Angl.), de Rhodes et les Sporades ; au N., les îles *Liakhov* ou arch. de la Nouvelle Sibérie ; à l'E., les *Aléoutiennes* (v. Mappemonde), les *Kouriles*, l'île *Tarrakaï* ou Saghalien ; l'arch. du Japon (*Yeso, Nippon, Sikhok* et *Kiou-Siou*) ; *Formose* et *Haïnan* ; les îles Nicobar et Andaman ; *Ceylan* ; les Maldives et les Laquedives.

6. PRESQU'ILES ET CAPS. L'Asie offre à l'O., la presq. d'*Asie Mineure* et le cap Baba ; au N., la presq. de l'*Obi* et le cap Severo-Vostochnoï ; à l'E., le cap Oriental, la presq. de *Kamtchatka* et le cap Lopatka, la presq. de *Corée* et le cap Providence ; au S., la presq. de l'*Indo-Chine* et le cap Cambodge, la presq. de *Malacca* et le cap Romania ; la presq. de l'*Hindoustan* et le cap Comorin, la presq. d'*Arabie* et le cap Ras-el-Gat.

7. MONTAGNES. On trouve au centre de l'Asie *un plateau élevé* de 1,000 à 3,000 ^{m}, qui vient s'appuyer au S. sur les monts *Himalaya*, les plus hauts du globe (8000 ^{m}) ; à l'O. sur les monts *Bolor* ; au N., sur les monts *Célestes* (Thian-Chan) et les monts *Altaï* ; à l'E., sur les monts *Kin-gan*. Ce plateau est partagé en deux par les monts *Kouenlun* et les monts *Neigeux* ou Nan-Schan.

8. VERSANTS. De ce plateau se détachent *quatre chaînes*, qui partagent l'Asie en autant de versants. Ce sont : à l'O., l'*Indou-Khoh*, relié par le Taurus et le Liban au mont Sinaï d'une part et au Caucase de l'autre (mont Ararat) ; plus au N., les monts *Alguidim*, reliés aux monts Ourals ; à l'E., les monts *Iablonoï* ou Stanovoï ; au S., les monts de l'*Indo-Chine* et de *Malacca*. Les monts *Ghattes* bordent les côtes de l'Hindoustan.

9. FLEUVES. Le *versant occidental* est arrosé par le Kizil-Irmak, qui se jette dans la mer Noire ; le *Kour* (m. Caspienne), l'Amou-Daria et le Sir-Daria (m. d'Aral). Le *versant septentrional*, par l'Obi, l'Iénisséi et la Léna (Oc. Glac.).

10. Le *versant oriental* est arrosé par l'Amour ou fl. Noir, l'Hoang-Ho ou fl. Jaune, l'Yang-tse-Kiang ou fl. Bleu, le Tsi-Kiang ou Tigre de Chine, le Meï-Kong et le Meï-Nam, tous tributaires des mers formées par l'Océan Pacifique.

Le *versant méridional*, par le Salouen et l'Iraouaddy, le Brahmapoutre et le Gange, le Godavery et la Kistnah, le Tapty et l'Indus, enfin le Chat-El-Arab, formé du Tigre et de l'Euphrate.

11. LACS. Les *lacs* de l'Asie sont : le lac de *Génésareth* et le lac *Asphaltite* ou mer Morte, qui reçoivent les eaux du Jourdain ; le lac de *Van*, en Turquie, et d'*Ourmiah*, en Perse ; les lacs *Balkhach* et *Baïkal*, dans l'Asie russe ; le lac *Khou-Khou-Nour*, en Mongolie ; le lac *Hamoun*, en Afghanistan.

12. ASPECT GÉNÉRAL DE L'ASIE. Le plateau central offre à l'est, *le désert de Cobi* ou Chamo ; le nord est froid et peu fertile ; le renne y tient lieu de richesses. Le sud-est produit le riz, le thé, la soie ; le midi offre la riche végétation des pays chauds. Le sol abonde en mines, en pierres précieuses ; on trouve de beaux diamants dans l'Hindoustan.

ASIE POLITIQUE.

13. DIVISION. L'Asie se divise en vingt *États principaux*. Ce sont : au N., la Sibérie et le Turkestan ; à l'O., le Caucase, la Turquie d'Asie et l'Arabie ; au S., la Perse, le Beloutchistan et l'Afghanistan, l'Hindoustan, le Népaul et le Boutan, la Birmanie, le Malacca et Siam, le Cambodge, la Cochinchine française, l'Annam et le Tonkin ; à l'E., la Chine et le Japon.

14. LA SIBÉRIE ET L'ASIE CENTRALE, cap. *Tobolsk*, sur l'Irtych, affluent de l'Obi. V. p. Khokand, Taschkend, Irkoutsk. — Pop. : 9,000,000 d'h.

Ces vastes régions appartiennent à la Russie.

15. LE TURKESTAN, cc. *Boukhara* (70,000 h.) et *Khiva*. — Pop. : 2,500,000 h.

16. LE CAUCASE, ou provinces russes au sud du Caucase, formées surtout de l'ancienne *Géorgie*, cap. *Tiflis* (106,000 h.), sur le Kour. — Population : 5,500,000 h.

17. LA TURQUIE D'ASIE, v. p. Smyrne (150,000 h.), Brousse, Sinope, Alep, Damas, Jérusalem, Bassora et Bagdad. La Turquie occupe en Arabie l'*Hedjaz*, c. La Mecque, v. p. Médine, et l'*Yemen*, c. Sana, v. p. Moka. — La population est d'environ 16,000,000 d'h.

18. L'ARABIE, formée de plusieurs petits États indépendants, dont le principal est le royaume d'Oman, cap. *Mascate* (60,000 h.). Les Anglais y possèdent *Aden*, l'île *Périm*, et s'attribuent la côte depuis Aden jusqu'à Mascate. Les Turcs occupent les bords de la mer Rouge. — La population est d'environ 5,000,000 d'h.

19. LA PERSE, cap. *Téhéran* (80,000 h.) ; v. p. Ispahan, Tauris. — Pop. environ 8,000,000 d'h.

20. LE BELOUTCHISTAN, cap. *Kélat*, pop. : 500,000 hab.

21. L'AFGHANISTAN, cap. *Kaboul* ; v. p. Hérat. — Population : 6,000,000 d'h.

22. L'HINDOUSTAN, c. *Calcutta* (1,000,000 d'h.) ; v. p. Madras (400,000 h.) et Bombay (820,000 h.). Ce pays est presque entièrement soumis à l'Angleterre, qui possède encore Ceylan, les îles Nicobar, l'île Pénang, Malacca, Singapour et Hong-Kong, cap. Victoria. La France possède dans l'Hindoustan cinq comptoirs, cap. *Pondichéry* (50,000 h.) ; le Portugal y possède trois comptoirs, ch.-l. *Goa*. — Population : 256,000,000 d'h.

23. LE NÉPAUL, c. *Khatmandou*, dans l'Himalaya, se rattache selon les uns à la Chine, selon d'autres à l'Inde.

24. LE BOUTAN, c. *Tassisoudon*, en partie occupé par l'Angleterre.

25. LA BIRMANIE, cap. *Mandaley* (80,000 h.), sur l'Iraouaddy. — Pop. : 6,000,000 d'h.

26. LE MALACCA INDÉPENDANT, formé de cinq petits États. — Pop. : 500,000 h. L'Angleterre y possède les *Établissements du détroit* ; c. Malacca, v. p. Singapour.

27. LE ROYAUME DE SIAM, cap. *Bang-Kok* (600,000 h.). — Pop. : 6,000,000 d'h.

28. LE CAMBODGE, cap. *Pnompenh*, soumis à l'administration de la France. — Pop. : 1,000,000 d'h.

29. LA COCHINCHINE française, cap. *Saïgon* (115,000 h. dont 600 Européens), à 90 k. de la mer et à 13,300 k. de la France. — Pop. : 1,600,000 h.

30. L'ANNAM, ou Basse-Cochinchine, cap. *Hué* (100,000 h.). V. p. Tourane, sous le protectorat de la France. — Pop. : 7,000,000 d'h.

31. LE TONKIN, c. *Hanoï*, sur le fl. Rouge, colonie française. — Popul. : 45,000,000 d'h.

32. L'EMPIRE CHINOIS, cap. *Pékin* (environ 1,000,000 d'h.). Il comprend d'abord la Chine proprement dite, cap. *Pékin*, et la *Mandchourie*, cap. *Moukden* ; de plus, les pays tributaires qui sont au nombre de trois : *la Corée*, cap. *Séoul* ou Hang-Tching ; *la Mongolie*, qui comprend le Turkestan chinois, formé de la Dzoungarie au N. et de la petite Boukharie au sud, et le grand désert ; *le Thibet*, cap. *L'Hassa*.

L'émir de Kashghar, jadis détaché de l'empire, et encore peu fidèle, a été réduit à se soumettre. La population de la Chine est estimée à environ 420,000,000 d'h. ; selon d'autres, à 350,000,000.

La Chine a ouvert dix-neuf de ses ports au commerce étranger. Les principaux sont Shang-Haï et Canton.

33. LE JAPON, cap. *To-Kio* ou *Yedo* (850,000 h.), dans l'île Nippon. V. p. Miako et Nangasaki. — Pop. : 37,000,000 d'h.

Le Japon a ouvert huit de ses ports au commerce étranger. Les principaux sont Nangasaki et Yokohama, près de To-Kio.

34. CULTES. Les 810,000,000 d'habitants de l'Asie professent le mahométisme, le bouddhisme, le brahmanisme, la religion de Confucius. Le christianisme y fait des progrès.

35. RACES. Les peuples de l'Asie se rattachent principalement à la race jaune dans le sud-est ; à la race blanche dans l'Hindoustan ; à un mélange dans le Nord. — Ils ont connu les premiers la civilisation et les arts ; mais ils n'ont pas su porter ceux-ci à leur perfection.

QUESTIONNAIRE. 1. *Indiquez les bornes de l'Asie* ; 2. ... *les mers* ; 3. ... *les golfes* ; 4. ... *les détroits* ; 5. ... *les îles* ; 6. ... *les presqu'îles et les caps* ; 7. ... *les montagnes* ; 8. ... *les versants* ; 9. ... *les fleuves du N.-O.* 10. *Indiquez les fleuves du sud-est* ; 11. ... *les lacs* ; 12. ... *l'aspect général de l'Asie.* 13. *Combien d'États en Asie ?* 14. *Quelques mots sur la Sibérie* ; 15. ... *le Turkestan* ; 16. ... *le Caucase* ; 17. ... *la Turquie d'Asie* ; 18. ... *l'Arabie* ; 19. ... *la Perse* ; 20. ... *le Beloutchistan* ; 21. ... *l'Afghanistan* ; 22. ... *l'Hindoustan.* 23. *Quelques mots sur le Népaul* ; 24. ... *le Boutan* ; 25. ... *la Birmanie* ; 26. ... *le Malacca* ; 27. ... *le royaume de Siam* ; 28. ... *le Cambodge* ; 29. ... *la Cochinchine fr.* ; 30. ... *l'Annam* ; 31. ... *le Tonkin* ; 32. ... *la Chine* ; 33. ... *le Japon* ; 34. ... *les cultes* ; 35. ... *les races.*

AFRIQUE PHYSIQUE ET POLITIQUE

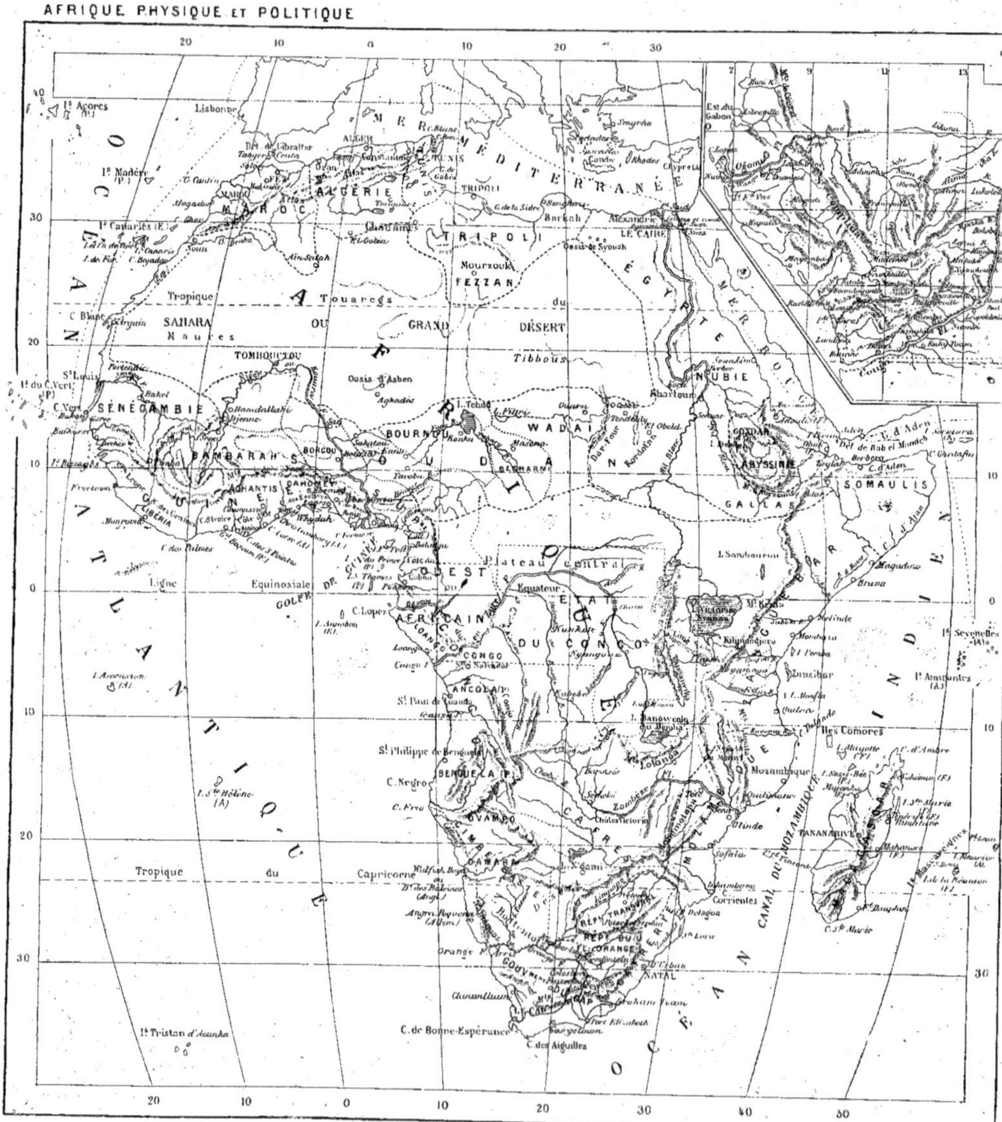

NA. Jo. N. I. J.

AFRIQUE PHYSIQUE ET POLITIQUE.

1. BORNES. L'Afrique est bornée à l'*ouest* par l'Océan Atlantique ; au *nord*, par le détroit de Gibraltar et la mer Méditerranée ; à l'*est*, par l'Asie, dont la sépare l'isthme de Suez, par la mer Rouge ou golfe Arabique et par l'Océan Indien. On lui attribue 210,000,000 d'hab. et 29,000,000 de k. c.

NOTIONS PHYSIQUES.

2. GOLFES ET CAPS. L'Afrique offre à l'O. le cap Frio et le cap Lopez ; le *golfe de Guinée*, le cap des Palmes et le cap Vert ; au N., le cap Blanc et le cap Bon ; les *golfes de Gabès* et *de la Sidre* ; à l'E., le *golfe d'Aden*, le cap Gardafui, le cap Delgado et le cap Corrientes ; au S., le cap des Aiguilles et le cap de Bonne-Espérance.

3. ILES. Les *îles* de l'Afrique sont à l'O., dans le golfe de Guinée, *Fernando-Po* et Annobon (*Esp.*) ; les îles du Prince et de Saint-Thomas (*Port.*) ; Sainte-Hélène et l'Ascension (*Angl.*) ; plus au N., l'île Gorée (*Fr.*) ; et les îles du cap Vert, les Açores et Madère (*Port.*), et les *Canaries* (*Esp.*).

4. A l'E., l'île Socotora, les Seychelles et les Amirantes (*Angl.*) ; Zanzibar ; les Comores, parmi lesquelles *Mayotte* et Nossi-Bé (*Fr.*), l'*île de Madagascar* ; Ste-Marie-de-Madagascar (*Fr.*) ; le groupe des Mascareignes : l'île de la *Réunion* (*Fr.*), l'île *Maurice* et l'île Rodrigue (*Angl.*).

5. MONTAGNES. On trouve, au N. de l'Afrique, la triple chaîne de l'*Atlas* (petit, moyen et grand Atlas) ; à l'E., les monts d'Abyssinie et la chaîne des monts *Lupata*, où l'on voit les monts Kenia (5,000ᵐ) et *Kilimandjaro* (6,415ᵐ).

6. Au Sud, les monts *Nieuweweld* et Drakensberg ; à l'E., les monts du *Congo*, et en Guinée, les monts de *Kong*. Deux lignes de hauteurs, encore peu connues, limitent les bassins du Nil, du Congo et du Zambèze.

7. FLEUVES. Les fleuves de l'Afrique sont le Chéliff, le Nil, le Zambèze, le Limpopo, l'Orange, le Congo, le Niger, la Gambie et le Sénégal.
Le *Chéliff* arrose l'Algérie.

8. NIL. Le *Nil* arrose l'Égypte, et c'est un des plus grands fleuves du monde. Dans son cours supérieur, il est formé du *Nil Bleu* et du *Nil Blanc* ; le Nil Bleu sort du lac Dembéa ; le Nil Blanc sort des lacs Albert et Victoria-Nyanza. Ils se réunissent à Khartoum, cap. du Soudan éthiopien.
Le *Nil* inférieur traverse la Nubie et l'Égypte, passe près du Caire, forme un vaste delta, et se jette, par plusieurs bouches, dans la Méditerranée.

9. ZAMBÈZE. Le *Zambèze* coule à l'est, forme les belles chutes de Victoria, arrose Tété et Séna et se jette dans le canal de Mozambique ; le *Limpopo*, ou fleuve des Crocodiles, se jette dans la baie Delagoa.

10. FLEUVES DE L'OUEST. A l'O., on trouve le fl. *Orange*, le *Zaïre* ou *Congo*, l'*Ogôoué*, le *Niger*, la *Gambie* et le *Sénégal*.
Le *Congo* est un grand fleuve de 4,800 kil. de longueur, navigable de la mer aux chutes d'Yellala, et, dans sa partie moyenne, jusqu'aux chutes Stanley. Sa source est au lac Banguéolo. L'*Ogôoué* passe près de Franceville. Le *Niger* passe au sud de Tombouctou et se jette dans le golfe de Guinée ; la *Gambie* arrose Sainte-Marie de Bathurst ; le *Sénégal* baigne Bakel et Saint-Louis.

11. LACS. Les lacs de l'Afrique sont : le lac *Tchad*, petite mer intérieure, qui reçoit les rivières Yéou et Tchary ; le lac *Dembéa*, en Abyssinie ; les lacs *Albert* et *Victoria-Nyanza*, qui alimentent le Nil Blanc ; le lac *Tanganyika*, qui s'écoule peut-être dans le Congo ; le lac *Banguéolo*, qui en est la source ; le lac *Nyassa*, qui se décharge dans le Zambèze ; le lac *Ngami*.

12. LE SAHARA OU GRAND-DÉSERT. Au nord du Sénégal, du Niger et du lac Tchad, s'étend un vaste désert, appelé *Sahara*, terrain sablonneux et stérile, généralement supérieur au niveau de la mer. On y trouve quelques oasis ou vallons fertilisés par quelques sources.

NOTIONS POLITIQUES.

13. ÉTATS. Bien que l'Afrique renferme, à l'intérieur, une multitude de petits États encore peu connus, on peut cependant la partager en une vingtaine d'États, les uns indépendants, les autres soumis à différents princes européens.

14. MAROC. Au N.-O., on trouve l'empire du Maroc, c. *Fez* (100,000 h.), *Maroc* (50,000 h.). C'est un État musulman qui compte 6,000,000 d'h. V. p. *Mogador*, bombardée par la France en 1844. L'Espagne y possède *Ceuta* et *Mélilla*.

15. ALGÉRIE. L'Algérie, conquise par la France depuis 1830, forme trois départements ; *Alger*, cap. (65,000 h.) ; *Oran* (47,000), et *Constantine* (45,000). L'Algérie est peuplée de 3,000,000 d'indigènes (Arabes, Kabyles ou Berbères, quelques Turcs), et de 300,000 colons européens.

16. TUNISIE. La Tunisie a pour capitale *Tunis* (130,000 h.). Le traité du Bardo (1881) l'a placée sous le protectorat de la France. — Popul. : 2,000,000 d'h.

17. TRIPOLI. La régence de Tripoli a pour cap. *Tripoli* (30,000 h.). Elle comprend le Fezzan, capitale *Mourzouk*. — Popul. : 1,150,000 h.

18. ÉGYPTE. L'Égypte, pays vassal de la Turquie, a pour capitale *Le Caire* (360,000 h.). Elle est sous l'administration d'un khédive, et tire surtout son importance de sa position sur la route des Indes. Elle est occupée actuellement par l'Angleterre, qui n'a pu garder le Soudan éthiopien.

19. Les principaux ports de l'Égypte sont : *Alexandrie* (200,000 h.), reliée au Caire et à Suez par un chemin de fer ; *Port-Saïd* et *Suez* aux deux extrémités du canal (160 k.), ouvert par M. de Lesseps entre la Méditerranée et la mer Rouge. — Popul. : 6,500,000 h.

20. SOUDAN ÉTHIOPIEN. L'Égypte a perdu sa domination sur la Nubie, c. *Khartoum* ; sur le Kordofan, c. *El-Obeid* ; sur le Darfour, c. *Tendelty*. Elle conserve des agents sur la côte des Somals, c. *Berbéra*. — Popul. : 10,000,000 d'h.

21. ABYSSINIE. Au sud-ouest de la mer Rouge s'étend l'Abyssinie, c. *Gondar*. — Popul. : 4,000,000 d'h. C'est le seul pays où le christianisme, jadis si florissant au nord de l'Afrique, ait pu résister à l'invasion musulmane. Sur la côte voisine, l'Italie a occupé la baie d'Assab et Massouah ; la France s'est établie à Obok.

22. ZANGUEBAR. Le Zanguebar comprend la côte de ce nom et l'île Zanzibar, c. *Zanzibar*.
L'Allemagne vient d'occuper les territoires de *Vitou* et d'Oussagara, près de cette côte.

23. MOZAMBIQUE. Le Mozambique est une côte soumise au Portugal, qui occupe à l'intérieur les bords du Zambèze ; c. *Mozambique*. V. p. Quilimane, Séna et Tété.

24. MADAGASCAR. Cette île si fertile forme un royaume, qui a pour c. *Tananarive*. La France y occupe Tamatave et plusieurs points des côtes ; elle proclame ses droits sur l'île. La population, dite Malgache, se rattache à la race Malaise, qui habite l'Océanie. — Pop. : 5,000,000 d'h.

25. RÉPUBLIQUES DU SUD. Au sud-ouest du Mozambique, on trouve la Rép. de l'*Afrique australe* (anc. Transvaal), c. *Pretoria*, et la Rép. du fl. *Orange*, c. *Bloemfontein*. La Rép. de l'Afrique australe est sous la suzeraineté de l'Angleterre.

26. CAFRERIE. Ces Républiques sont entourées par les diverses tribus de Cafres (Zoulous, Matabélés, etc.) et de Betchouanas ; l'Angleterre y occupe le Natal, c. *Pietermaritzburg*, v. p. d'Urban, et tout le pays au sud (Cafrerie anglaise).

27. LE CAP. La colonie anglaise du Cap, conquise sur la Hollande, a pour capitale *Le Cap* (40,000 h.). Pop. : 1,300,000 h., y compris Natal.

28. CIMBÉBASIE. Au N. du fl. Orange, on trouve les Hottentots, les Damara et les Ovampos. L'empire d'Allemagne a pris cette côte sous sa protection, excepté la baie de Walfish (Angl.).

29. GUINÉE INFÉRIEURE. La *Guinée inférieure* comprend, au sud du Congo, les possessions du Portugal : 1° le Benguela, c. *Saint-Philippe de Benguela* ; 2° l'Angola et la côte jusqu'au Zaïre, c. *Saint-Paul de Loanda*, v. pr. San-Salvador ; au N. du fleuve : 1° le nouvel État du Congo, qui s'étend à partir des chutes du fl. sur la rive gauche, c. *Léopoldville* ; 2° Banane (Portugal), et 3° les possessions françaises de l'Ogôoué et du Congo (*O. Africain*), v. pr. Franceville et Brazzaville.

30. GUINÉE SUPÉRIEURE. La Guinée *supérieure* comprend, sur les côtes, le *Gabon*, cap. Port-Gabon ou Libreville (*Allem.*) ; la côte de *Bonny*, le Niger inférieur et la côte de *Bénin*, sous le protectorat anglais.
La côte des *Esclaves*, au S. du roy. de Dahomey, c. Abomey ; la côte d'*Or*, au S. du roy. des Aschantis, c. Coumassie, et la côte d'*Ivoire*, sur lesquelles l'*Angleterre* a Lagos, Christianborg, Cap Corse ; la *France*, le protectorat de Porto-Novo, Assinie et Grand-Bassam ; l'*Allemagne*, le pays de Togo, à l'O. de Whydah ; la côte des *Graines* avec la Républ. nègre de *Libéria*, c. Monrovia.

31. SOUDAN. Sur le haut Niger et le lac Tchad, s'étendent des États nègres : le *Ouadaï*, c. Ouara ; le *Bégharmi*, c. Maséna ; le *Bornou*, c. Kouka ; le *Sakatou*, c. Sakatou ; le *Borgou*, c. Boussa ; le *Tombouctou*, c. Tombouctou ; le *Bambarra*, c. Ségou, etc. — Popul. : envir. 40,000,000 d'h.

32. SIERRA LEONE, c. *Freetown*, où les Anglais établissent les esclaves enlevés à la traite.

33. SÉNÉGAMBIE. La Sénégambie comprend les poss. portugaises, c. *Cacheo* ; anglaises, c. *Bathurst* ; françaises, c. *Saint-Louis-du-Sénégal*. V. p. Dakar, reliée à St-Louis par un chemin de fer ; espagnoles, sur le littoral du cap *Bojador*.

34. LE SAHARA ou désert est parcouru à l'O. par les Maures ; au centre, par les Touaregs ; à l'E., par les Tibbous.

35. RACES. Les populations du sud de l'Afrique appartiennent à la *race nègre* ; celles du nord à la *race blanche*. Les Abyssins et les Arabes descendent de Sem ; les Égyptiens et les nègres, de Cham.

QUESTIONNAIRE. 1. Indiquez les bornes de l'Afrique ; 2. ... les golfes et les caps ; 3. ... les îles à l'O. ; 4. ... à l'E. ; 5. ... les montagnes au N.-E. ; 6. ... au S.-O. ; 7. ... les fleuves. 8. Décrivez le Nil ; 9. ... le Zambèze et le Limpopo ; 10. ... les fleuves de l'ouest (Orange, Congo, Ogôoué, Niger, Gambie, Sénégal) ; 11. ... les lacs.
12. Décrivez le Sahara ; 13. Combien d'États ? 14. Quelques mots sur le Maroc ; 15. ... l'Algérie ; 16. ... Tunisie ; 17. ... Tripoli ; 18-19. ... Égypte ; 20. ... Soudan éthiopien ; 21. ... Abyssinie ; 22-23. ... Zanguebar et Mozambique ; 24. ... Madagascar.
25. Quelques mots sur les Répub. du sud ; 26. ... la Cafrerie ; 27. ... le Cap ; 28. ... la Cimbébasie ; 29. ... la Guinée inférieure ; 30. ... la Guinée supérieure ; 31. ... le Soudan ; 32. ... la Sierra-Leone ; 33. ... la Sénégambie ; 34. ... le Sahara ; 35. ... la population.

AMÉRIQUE SEPTENTRIONALE.

1. BORNES. L'Amérique du Nord est bornée à l'O., par le Grand Océan ; au N., par l'Océan Glacial ; à l'E., par l'Océan Atlantique ; au S., par la mer des Antilles et l'isthme de Panama. Elle compte 75,000,000 d'h. et 23,000,000 de k. c.

La largeur de l'Amérique, sur le chemin de fer du Pacifique, est de 5,800 kil. On la traverse en six ou sept jours.

NOTIONS PHYSIQUES.

2. MERS ET GOLFES. On trouve à l'O., la *mer Vermeille* ou golfe de Californie, la baie de San-Francisco et la *mer de Behring* ; au N., le bassin de Melville, la *mer de Baffin* et la mer ou *baie d'Hudson*. A l'Est, le golfe du Saint-Laurent et les baies de Fundy, de la Delaware et de Chesapeake ; au S., les *golfes du Mexique* et de Honduras, et la *mer des Antilles.*

3. DÉTROITS. Les *détroits principaux* de l'Amérique du Nord sont : à l'O., le *détroit de Behring* ; au N., les détroits de Lancastre, de Davis et d'*Hudson* ; à l'E., le détroit de Belle-Ile ; au S., le *détroit de la Floride* et le canal de Yucatan.

4. ILES. On trouve à l'O., la grande île de *Vancouver* et les archipels de la Reine-Charlotte, du Prince de Galles et du Roi-Georges ; au N., les terres arctiques et le *Groenland ;* à l'E., les îles de *Terre-Neuve*, d'Anticosti et du cap Breton ; les îles Saint-Pierre et Miquelon, *Long-Island* et les Bermudes ; Au sud, les Lucayes ou Bahama, les grandes Antilles (*Cuba, La Jamaïque, St-Domingue* et *Porto-Rico*), et les petites Antilles, entre autres la Guadeloupe et la Martinique, la Dominique et Ste-Lucie, St-Vincent, la Grenade et la Trinité.

5. PRESQU'ILES. L'Amérique du Nord offre les *presqu'îles* de Basse-Californie et d'Alaska, à l'O. ; de Boothia-Félix, de Melville et du Labrador, au N. ; de la Nouvelle-Écosse ou Acadie, à l'E. ; de la Floride et du Yucatan, au S.

6. ISTHMES. Deux *isthmes* principaux séparent l'Océan Pacifique de la mer des Antilles et du golfe du Mexique, l'isthme de Panama et l'isthme de Tehuantepec, à l'O. du Yucatan.

On creuse en ce moment, dans l'isthme de Panama, un canal de navigation (73 k.), qui unira Colon et Panama.

7. CAPS. Les principaux caps de l'Amérique septentrionale sont : à l'O., le cap San-Lucas et le cap *Occidental*, appelé aussi cap du Prince de Galles ; au N.-E, le cap *Farewell* et le cap *Charles* ; à l'E., le cap *Race* et le cap Cod, le cap Hatteras et le cap Sable ou Agi.

8. MONTAGNES. L'Amérique septentrionale est traversée du N. au S. par la chaîne des *montagnes Rocheuses*. Cette chaîne se prolonge par la Cordillère du Mexique et du Guatemala, jusqu'à l'isthme de Panama.

Plus à l'E., on trouve deux chaînes parallèles, dites *montagnes Bleues* et les *monts Alleghany*. La *Sierra Nevada* se développe à l'O. des montagnes Rocheuses, entre l'Orégon et le cap San-Lucas.

9. VOLCANS. On trouve au N.-O. le *volcan du mont Élie*. Au S., les volcans sont nombreux dans la Cordillère. On peut citer le *Popocatepetl* et celui d'*Orizaba*, non loin de Mexico.

10. VERSANTS. L'Amérique du Nord se divise en *quatre versants*, formés par une suite de collines peu élevées, qui relient les montagnes Rocheuses d'une part au cap Charles, de l'autre aux monts Alleghany. Ce sont le versant de l'O., le versant du N., le versant de l'E. et le versant du S.

11. FLEUVES. Le Rio *Colorado*, le Rio Sacramento, l'Orégon et l'Yucon arrosent le versant de l'O. ; le Rio *Sacramento* tombe dans la baie de San-Francisco, principal port des États-Unis sur l'Océan Pacifique.

Le *Mackenzie* et le Nelson arrosent le versant du N. et se jettent, l'un dans l'Océan Glacial, l'autre dans la baie d'Hudson.

12. Le *St-Laurent* et l'Hudson arrosent le versant de l'E. Le premier descend du lac supérieur, traverse les lacs Huron et Érié, tombe par la rivière de Niagara dans le lac Ontario, baigne Toronto, Montréal et Québec ; le deuxième arrose Albany et finit à New-York, le plus grand port de l'Amérique, sur l'Océan Atlantique.

13. Le *Mississipi* et le Rio del Norte arrosent le versant du S. Le Mississipi baigne St-Louis et la Nouvelle-Orléans et finit dans le golfe du Mexique. Il reçoit à droite le *Missouri*, l'Arkansas et la rivière Rouge, et à gauche l'Ohio, qui baigne Cincinnati.

Le *Mississipi* et le *Missouri* ont ensemble un cours de 7,200 kil. ; le *Mississipi* seul, de 5,000 kil. ; le *Missouri* seul, de 5,200 kil.

14. LACS. Les *principaux lacs* sont : à l'O., le lac Salé, où les Mormons ont fondé la *Ville du lac Salé* ; au N., les lacs Athabaska, de l'Esclave et du grand Ours, tributaires du Mackenzie ; le lac Winipeg, qui s'écoule par le Nelson dans la baie d'Hudson ; à l'E., les lacs *Supérieur, Michigan, Huron, Érié, Ontario*, qui se déchargent par le St-Laurent ; au S., le lac de Nicaragua.

15. CHUTE DE NIAGARA. C'est entre les lacs Érié et Ontario que se trouve la belle *chute de Niagara* (48ᵐ), large nappe d'eau divisée en deux bras de 550ᵐ et de 335ᵐ par l'île de la Chèvre. Le plus large décrit une courbe en fer à cheval, sur la rive canadienne.

NOTIONS POLITIQUES.

16. DIVISION. Les États de l'Amérique septentrionale se rapportent à neuf groupes politiques :

17. POSSESSIONS DANOISES. Le Danemark possède au N., le *Groenland*, pays le plus souvent couvert de glaces, c. Julianshaab ; et au S., trois îles dans les Antilles ; la principale est *St-Thomas*.

18. POSSESSIONS ANGLAISES. L'Angleterre possède au N. : 1° la Nouvelle-Bretagne ou *Puissance du Canada*, cap. Ottawa (30,000 h.). C'est une confédération de sept provinces, cinq districts et deux territoires.

La partie septentrionale de la Nouvelle-Bretagne est une région glacée, qui procure de belles fourrures et des bois de construction.

19. L'Angleterre possède en outre, en dehors de la *Puissance du Canada* :

2° Terre-Neuve, c. *St-Jean* ;

3° le Labrador, au Nord-Est ;

4° les îles Bermudes, c. *Hamilton* ;

5° les Lucayes ou Bahama, c. *Nassau* ;

6° la Jamaïque, c. *Kingston* ;

7° les petites *Antilles anglaises*, comme la Dominique, Ste-Lucie, etc. ;

8° la colonie de *Bélize*, dans le Honduras.

20. ÉTATS-UNIS. Les États-Unis forment une vaste confédération de 38 États et de 10 territoires, dont la capitale est Washington (150,000 h.).

Les principaux ports sont : Boston, *New-York* (1,200,000 h.), *Philadelphie* (850,000 h.), la Nouvelle-Orléans et San-Francisco, qui est reliée à New-York par le chemin de fer de l'Océan Pacifique.

Les États-Unis ont acheté à la Russie le territoire d'Alaska, appelé autrefois Amérique Russe. Le chef-lieu de ce pays est *Sitka*, appelée autrefois Nouvelle-Arkhangel, située dans une île de l'archipel du Roi Georges.

21. L'industrie et le commerce sont très développés aux États-Unis. Les mines d'or de la Californie et des montagnes Rocheuses y attirent de nombreux colons. — Popul.: 50,000,000 d'h.

22. MEXIQUE. Le Mexique est une République qui a pour capitale Mexico (210,000 h.). C'est un pays riche en mines d'or et d'argent, très chaud et malsain sur les côtes, mais plus salubre sur le plateau intérieur. — Popul.: 10,000,000 d'h.

23. AMÉRIQUE CENTRALE. Au sud du Mexique, on trouve cinq petites Républiques toujours agitées :

1° le *Guatemala*, c. Guatemala ; . . . pop. 1,253,000 h.
2° le *San-Salvador*, c. San-Salvador ; pop. 556,000 h.
3° le *Honduras*, c. Tegucigalpa ; . . . pop. 350,000 h.
4° le *Nicaragua*, c. Managua ; . . . . pop. 276,000 h.
5° le *Costa-Rica*, c. San-José ; . . . . pop. 185,000 h.

Ces Républiques comptent environ : 3,000,000 d'h. *Guatemala*, la plus grande de ces villes, compte 59,000 h. *Tecucigalpa* se trouve un peu au sud de Comayagua, l'ancienne capitale.

24. POSSESSIONS ESPAGNOLES. L'Espagne possède la belle et grande île de *Cuba*, c. la Havane (200,000 h.), et l'île de *Porto-Rico*, c. San-Juan (30,000 h.), et quelques autres petites îles. — Popul.: 2,300,000 h., dont 1,550,000 pour Cuba et 750,000 pour Porto-Rico.

25. POSSESSIONS FRANÇAISES. La France possède : 1° les îles *St-Pierre* et *Miquelon*, près de Terre-Neuve ; 2° dans les Antilles, la *Guadeloupe*, c. Basse-Terre, et la *Martinique*, c. Fort-de-France ; la partie nord de Saint-Martin et l'île St-Barthélemy, que la Suède lui a rétrocédée. — Popul.: 365,000 h.

26. POSSESSIONS HOLLANDAISES. Les Pays-Bas possèdent *St-Eustache* et la partie sud de St-Martin.

27. SAINT-DOMINGUE. L'île St-Domingue offre deux Républiques nègres indépendantes : *la République Haïtienne* ; popul : 550,000 h., c. Port-au-Prince (35,000 h.), et *la République Dominicaine* ; popul : 300,000 h., c. St-Domingue (16,000 h.).

28. RACES. Les habitants de l'Amérique Septentrionale forment deux groupes ethnographiques : 1° les Indiens ou *Peaux-Rouges*, environ 6,500,000 ; 2° les descendants des colons européens, Anglais, Allemands, Espagnols et Français, etc., environ 68,500,000. Sur ce nombre, 27,000,000 professent la religion catholique.

QUESTIONNAIRE. 1. *Indiquez les bornes de l'Am. Sept.;* 2. *... les mers et golfes ;* 3. *... les détroits ;* 4. *... les îles ;* 5. *... les presqu'îles ;* 6. *... les isthmes ;* 7. *... les caps ;* 8. *... les montagnes ;* 9. *... les volcans.*
10. *Indiquez les versants ;* 11 *... les fleuves, à l'O. et au N. ;* 12. *... ceux de l'E. ;* 13. *... ceux du sud ;* 14. *... les lacs ;* 15. *... une chute d'eau remarquable ;* 16. *... combien de groupes politiques ;* 17. *... les possessions danoises ;* 18. 19. *..., anglaises ;* 20-21. *... les États-Unis.*
22. *Quelques mots sur le Mexique ;* 23. *... sur l'Amérique centrale ;* 24. *... les poss. espagnoles ;* 25. *... les poss. françaises ;* 26. *... les poss. hollandaises ;* 27. *... sur les Rép. de l'île St-Domingue ;* 28. *... sur l'ensemble de la population.*

AMÉRIQUE DU NORD PHYSIQUE ET POLITIQUE.

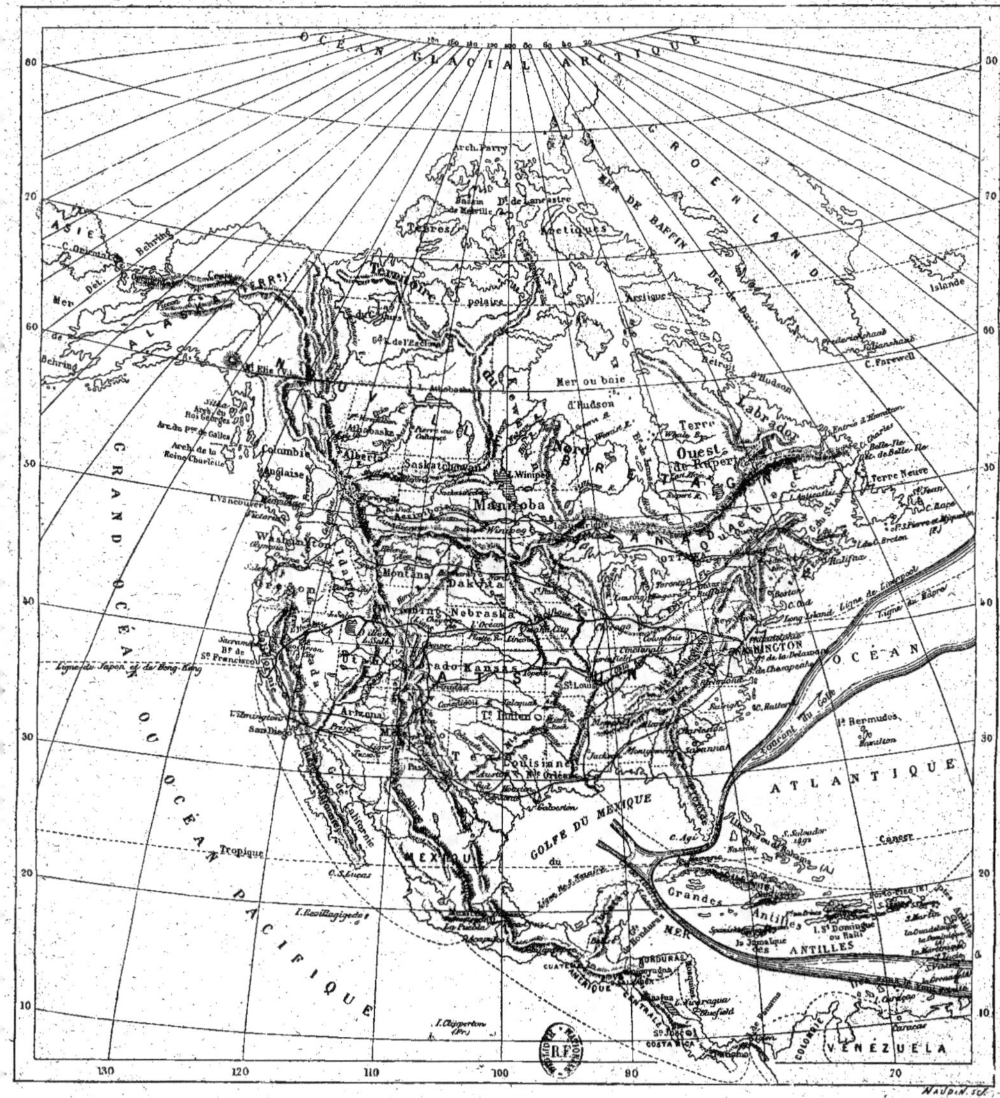

NAUPIN sc.

CANADA ET ÉTATS-UNIS DE L'EST.

MANITOBA
Winnipeg
Lac Supérieur
WISCONSIN
MINNESOTA
St-Paul
IOWA
Des Moines
CHICAGO
ILLINOIS
Springfield
Lac Michigan
Lac Huron
OTTAWA
QUÉBEC
Québec
Trois-Rivières
Montréal
Fl. St Laurent
NOUVEAU BRUNSWICK
Fredericton
MAINE
Augusta
Portland
Portsmouth
Boston
NEW-YORK
Buffalo
Détroit
Lac Érié
Cleveland
OHIO
Columbus
Indianapolis
INDIANA
Cincinnati
Louisville
KENTUCKY
Nashville
TENESSEE
Memphis
Little-Rock
MISSISSIPI
ALABAMA
Jackson
Montgomery
TEXAS
Galveston
Houston
NLLE ORLÉANS
GOLFE DU MEXIQUE
PENSILVAN
Pittsburg
Harrisburg
Trenton
Philadelphie
Baltimore
WASHINGTON
VIRGINIE OCCIDENTALE
VIRGINIE
Richmond
Norfolk
C. Hatteras
CAROLINE DU NORD
Raleigh
Wilmington
CAROLINE DU SUD
Columbia
Charleston
GÉORGIE
Savannah
Brunswick
FLORIDE
Tampa
Everglades
OCÉAN ATLANTIQUE
L. Bahama
L. Abaco
L. Andros
Nassau
Sandy Hook

NEW-HAMPSHIRE
MASSACHUSETTS
Boston
Worcester
Providence
Hartford
Connecticut
Newhaven
Pe de Long Island

ÉTAT DE NEW JERSEY
NEW-YORK
Newark
Jersey City
Elizabethtown
Brooklyn
I. Longue
Ile Staten ou Fort Richmond
des États
Pe des Narrows

Lac Maurepas
Lac Pontchartrain
LA NOUVELLE ORLÉANS
L. Borgne
L. Salvador

Dist. de Columbia
WASHINGTON
Alexandrie

NORD DE L'AMÉRIQUE.

1. ÉTENDUE. Le Nord de l'Amérique comprend deux vastes États, le Canada et les États-Unis, qui ont une étendue presque égale à celle de l'Europe.

Le *Canada* compte 8,301,506 kil. car. de superficie, et les *États-Unis*, 9,272,449, en y comprenant le territoire d'Alaska. La largeur moyenne de cette région est de 5,300 kil.

CANADA.

2. DIVISION. La Puissance du Canada (*Dominion of Canada*) est une confédération de sept provinces anglaises, cinq districts et deux territoires administrés par un gouverneur anglais et par un parlement, qui se réunit à *Ottawa*.

Ottawa, anc. Bytown, est située sur l'Ottawa, affluent de gauche du St-Laurent; siège du Parlement (30,000 h.).

3. PROVINCES. Les sept provinces sont, en allant de l'E. à l'O.:

1° La *Nouvelle-Écosse*, c. Halifax, qui comprend l'Acadie et l'île du Cap Breton; v. pr. *Annapolis*, *Sydney* et *Louisbourg*. — Pop. 441,000 h.

2° L'*Île du Prince Édouard*, c. Charlottetown; à l'E. du détr. de *Northumberland*. Pop. 109,000 h.

3° Le *Nouveau-Brunswick*, cap. Frederickton; v. pr. *St-John*; houillères. — Pop. 321,000 h.

4° La *Prov. de Québec*, c. Québec, cédée par la France en 1763; v. pr. *Montréal*, *Trois-Rivières*, *Saint-Hyacinthe* et *Sherbrooke*. — Pop. 1,359,000 h.

5° La *Prov. d'Ontario*, cap. Toronto, au nord des grands lacs; v. pr. *Hamilton*, *London* et *Kingston*. — Pop. 1,923,228 h.

6° Le *Manitoba*, cap. Winnipeg. — Pop. 66,000 h.

7° La *Colombie anglaise*, c. Victoria, dans l'île Vancouver; v. p. New-Westminster. Pop. 50,000 h.

Halifax est le principal port militaire de l'Angleterre en Amérique (36,000 h.).

Québec, fondée par Champlain en 1608, sur le cap Diamant élevé de plus de 100ᵐ, fut prise par les Anglais en 1759, après la défaite de Montcalm. Arch.; Univ. Laval (65,000 h.).

Annapolis (Port-Royal), 1ᵉʳ établissement français en Amérique, fut fondé en 1604.

Montréal, dans l'île de ce nom, fut fondée en 1642 par de Maisonneuve, à la limite de la navigation maritime; elle fut prise en 1760 et cédée avec la colonie en 1763. Évêché; pont Victoria, sur lequel le chemin de fer franchit le St-Laurent. — Pop. : 140,000 h., dont 30,000 Anglais et Irlandais.

Trois-Rivières, au confluent du St-Maurice et du St-Laurent, fut fondée en 1634 par la Violette. Évêché.

Winnipeg, ou St-Boniface, est situé au confluent de la rivière Rouge et de l'Assiniboïne (30,000 h.).

4. DISTRICTS ET TERRITOIRES. Les Districts sont le *Kewatin*, c. York; l'*Assiniboia*, c. Regina; le *Saskatchewan*, c. Battlefort; l'*Alberta*, c. St-Albert, et l'*Athabaska*.

Les Territoires sont ceux du N.-E. et du N.-O.

5. GOUVERNEMENT, COMMERCE. La confédération est administrée par un gouverneur et deux Chambres.

Le *gouverneur* est nommé par la couronne; il désigne lui-même ses lieutenants et siège à Ottawa.

La *Chambre basse* compte 211 membres électifs, et la *Chambre haute* 78 membres nommée à vie par le gouverneur général.

La population est de 4,324,800 h., dont 1,300,000 sont d'origine française et conservent leur langue maternelle.

La marine marchande compte 7,500 navires; elle peut, grâce à divers canaux, remonter le St-Laurent, éviter la chute du Niagara (canal Welland) et atteindre Fort William.

Des chemins de fer relient Halifax, Frederickton, Québec et Montréal à Ottawa, et d'Ottawa aux différents ports des lacs Ontario, Érié et Huron.

La ligne du Pacifique canadien reliera Montréal à l'Océan Pacifique, en passant par Ottawa, Port Arthur, Winnipeg et New-Westminster.

Le commerce dépasse un milliard; il est fourni par les denrées alimentaires, les fourrures, les mines d'argent, de cuivre et de houille, les pêcheries, les forêts, le pétrole, etc.

6. DIVISION. Les *États-Unis* forment une confédération de 38 États et de 10 territoires, situés entre l'Océan Atlantique et l'Océan Pacifique, la Puissance du Canada et le Mexique.

7. ÉTATS PRIMITIFS. Les États de l'Union, qui formaient le noyau primitif des États-Unis, ne comprenaient, en 1776, que treize États et constituaient les colonies de la Nouvelle Angleterre.

Ces treize États étaient le New-Hampshire, le Massachussets, le Rhode-Island, le Connecticut, New-York, New-Jersey, la Pensylvanie, la Delaware, le Maryland, la Virginie, les Carolines du nord et du sud, et la Géorgie.

8. ÉTATS DU N.-E. Les 11 États du N.-E. sont, en allant du nord au sud, le Maine, le New-Hampshire, le Massachussets, le Rhode-Island, le Vermont, le Connecticut, New-York, New-Jersey, la Pensylvanie, la Delaware et le Maryland.

1. Le *Maine*, c. Augusta, sur le Kennebec; v. pr. Portland, port florissant; les Français s'y étaient établis au 17ᵉ siècle.

2. Le *New-Hampshire*, c. Concord, sur le Merrimac; v. pr. Portsmouth, chantiers maritimes.

3. Le *Massachussets*, c. Boston (365,000 h.), port fortifié fondé en 1620, siège de 1775-76; v. pr. Lowel (60,000 h.); Worcester; Lexington (bat. 1775); Durbury, où atterrit le câble de Brest.

4. *Rhode-Island*, c. Providence (105,000 h.); v. pr. New-Port, port militaire et école navale, sur la baie de Narragansets.

5. Le *Vermont*, c. Montpellier, à l'E. du lac Champlain.

6. Le *Connecticut*, c. Hartford; v. pr. New-Haven (63,000 h.), ville maritime sur le passage de Long-Island; Université.

7. *New-York*, c. Albany (90,000 h.), sur l'Hudson; v. pr. New-York (1,200,000 h.), sur l'île Manhattan, entre l'Hudson, la riv. d'Harlem et l'East River, surnommée la ville impériale, fondée par les Hollandais en 1614 sous le nom de Nouvelle Amsterdam. Port admirable; archev. cathol.

Autres villes : *Brooklyn*, sur l'île Longue (567,000 h.); Buffalo (35,.); Syracuse (52,.), salines; Saratoga (bat. 1777).

8. *New-Jersey*, c. Trenton; v. pr. Newark, Jersey-City.

9. *Pensylvanie*, c. Harrisburg; v. pr. Philadelphie (850,.h.), Pittsburg, sur l'Alleghany, anc. fort Duquesne; mines de houille et sources de pétrole.

10. *Delaware*, c. Dover, petit État fondé par les Suédois.

11. *Maryland*, c. Annapolis; v. pr. Baltimore (333,000 h.); archevêché catholique métropolitain des États-Unis.

9. COLUMBIA. Le district de Colombie, ou district fédéral, c. Washington, sur la rive gauche du Potomac, est administré par le Congrès; v. pr. Georgetown.

Washington (150,000 h.), cap. des États-Unis, fondée en 1792, résidence du président depuis 1800. Le palais du gouverneur est appelé le Capitole ou Maison Blanche; incendié en 1812, il fut restauré en 1815. 1ᵉʳ méridien des États-Unis, à 79° 22' 24" de Paris; 77° 2' de Greenwich.

10. ÉTATS DU S.-E. Ce littoral comprend encore cinq autres États, la Virginie, la Caroline du N., la Caroline du S., la Georgie et la Floride.

11. *Virginie*, c. Richmond, sur le James, anc. capit. des États du sud pendant la guerre de sécession; prise en 1865 par le général Grant; les 1ᵉʳˢ colons anglais s'établirent sur le James en 1607; Yorktown, où capitula Cornwallis en 1781.

12. *Caroline du Nord*, cap. Raleigh.

13. *Caroline du Sud*, c. Columbia; v. pr. Charleston, port militaire et commerçant, pris par Cornwallis en 1780.

14. *Géorgie*, c. Atlanta, prise en 1864 par le gén. Sherman; v. pr. Savannah, siège de 1778; Milledgeville, anc. capitale.

15. *Floride*, cap. Tallahassee; v. pr. Pensacola, arsenal; Key-West, port important dans une île.

11. ÉTATS DU SUD. Quatre États (outre la Floride) sont baignés par le golfe du Mexique : l'Alabama, le Mississipi, la Louisiane et le Texas.

16. *Alabama*, c. Montgoméry; v. pr. Mobile ou La Mobile, port fondé par les Français; créé en 1819.

17. *Mississipi*, c. Jackson; v. pr. Vicksburg; cr. en 1817.

18. *Louisiane*, c. Bâton-Rouge; v. pr. la Nouvelle Orléans (216,000 h.), port sur la rive gauche du Mississipi, col. Française fondée en 1718; cédée à l'Espagne en 1764; rendue à la France en 1800 et vendue aux États-Unis en 1803; nombreuse population française; cr. en 1812.

19. *Texas*, c. Austin; État plus grand que la France en étendue (700,000 k. c.); d'abord indépendant; annexé en 1845.

12. ÉTATS DES GRANDS LACS, Cinq États, situés à l'E. du Mississipi, sont baignés par les lacs Erié, Huron, Michigan et Supérieur.

21. *Ohio* (pr. Oaïo), c. Columbus; v. pr. Cincinnati (255,.) sur l'Ohio; Cleveland (160,.) sur le lac Erié; cr. en 1802.

22. *Indiana*, c. Indianopolis (75,000 h.); cr. en 1816.

23. *Michigan*, c. Lansing; v. pr. Détroit (116,.); cr. en 1836.

24. *Wisconsin*, c. Madison; v. pr. Milwaukee (115,.); cr. en 1848.

25. *Illinois*, c. Springfield; v. pr. Chicago (503,.); cr. en 1881.

13. ÉTATS DE L'OHIO. L'Ohio et ses affluents de gauche baignent trois États :

26. *Virginie occidentale*, c. Wheeling, cr. en 1863.

27. *Kentucky*, c. Francfort, cr. en 1792.

28. *Tenessee*, c. Nashville, cr. en 1794.

14. ÉTATS A L'O. DU MISSISSIPI. Le Mississipi baigne, sur sa rive droite :

29. *Minnesota*, c. St-Paul, cr. en 1858.

30. *Iowa* (pr. Aïowé), c. des Moines, cr. en 1846.

31. *Missouri*, c. Jefferson; v. pr. *St-Louis* (352,.); cr. en 1821.

32. *Arkansas*, c. Little Rock, cr. en 1836.

15. AUTRES ÉTATS ET TERRIT. Il y a encore dans l'O. six États et dix Territoires. Les États sont le Nebraska, le Kansas, le Colorado, l'Orégon, le Nevada et la Californie.

Sont situés à l'E. des Mⁿˢ Rocheuses : 33. le *Nebraska*, c. Lincoln, créé en 1867; 34. le *Kansas*, c. Topeka, créé en 1861; 35. le *Colorado*, c. Denver, créé en 1875.

A l'O., vers l'Océan Pacifique : 36. l'*Orégon*, c. Salem, créé en 1859; 37. le *Nevada*, c. Carson-City, créé en 1864; 38. la *Californie*, c. Sacramento, créé en 1867; v. pr. San-Francisco (242,.), sur le Pacifique, en rapport avec la Chine.

Les Territoires sont, à l'E. des Mⁿˢ Rocheuses : 39. le *Dakota*, c. Bismark; 40. le *Montana*, c. Helena; 41. le *Wyoming*, c. Cheyenne; 42. *Territoire-Indien*, c. Talequah; 43. le *Nouveau-Mexique*, c. Santa-Fé;

A l'O. 44. le terr. de *Washington*, c. Olympia; 45. l'*Idaho*, c. Boisée-City; 46. l'*Utah*, c. Salt-Lake-City, habité par les Mormons; 47. l'*Arizona*, c. Prescott; 48. l'*Alaska*, c. Sitka.

C'est dans les montagnes de l'O. que l'on trouve surtout l'or et l'argent (Californie, Nevada, Idaho, Montana et Dakota).

16. GOUVERNEMENT. Les États-Unis sont administrés par le Président et le congrès.

Le *Président* est élu pour quatre ans et peut être réélu une fois. Il entre en fonctions le 4 mars à midi.

Le *Congrès*, ou pouvoir législatif, comprend le Sénat et la Chambre des représentants. Le *Sénat* compte 76 membres, deux par État. La *Chambre* des représentants en compte 292.

17. STATISTIQUE. Les États-Unis ont pris, depuis un siècle, une extension considérable.

La population est passée de 3 millions d'habitants à 50; l'accroissement a été de 12 millions en dix ans; on y compte 6,500,000 nègres, 100,000 Chinois et 65,000 Indiens.

L'armée régulière n'est que de 26,000 h., dont environ 2,000 officiers; mais chaque État a sa milice particulière. La marine militaire compte 138 navires, dont 24 blindés.

Les mines abondent en or, argent, mercure, fer, plomb, cuivre, zinc et houilles. Les forêts ont des arbres gigantesques; le sud produit le coton, la canne à sucre, le tabac, le café, le cacao et le riz; le nord se livre à l'industrie et cultive des céréales, qui viennent inonder l'Europe.

Le climat est doux sur l'Océan Pacifique, chaud au sud et tempéré au nord.

Les chemins de fer dépassent en longueur ceux des grands États de l'Europe réunis. Le commerce atteint huit milliards, et l'exportation l'emporte sur l'importation.

QUESTIONNAIRE. 1. Indiquez les deux plus vastes États de l'Amérique du Nord. 2. Qu'est-ce que la puissance du Canada? 3. Comment la divise-t-on? 4. Quelques détails sur les trois premières provinces; ... sur la 4ᵉ; ... sur la 5ᵉ; ... sur la 6ᵉ; ... sur la 7ᵉ; 5. Indiquez les districts.

6. Comment se divisent les États-Unis? 7. Citez les États primitifs. 8. Quels sont les États du N.-E.? 9. Où est la capitale des États-Unis? 10. Quels sont les États du S.-E.? 11. ... du golfe du Mexique?

12. Quels sont les États des Grands lacs? 13. ... des affluents de g. de l'Ohio? 14. ... de la rive droite du Mississipi? 15. Donnez les autres États et Territoires. 16. Quel est le gouvernement des États-Unis? 17. Quelle en est la population, ... l'armée, ... la flotte, ... le commerce? Un mot sur la richesse du sol, ... sur le climat, ... sur les chemins de fer.

AMÉRIQUE MÉRIDIONALE.

1. BORNES. L'*Amérique du Sud* est bornée à l'O. par l'Océan Pacifique et l'isthme de Panama; au N.-E. par la mer des Antilles; au S.-E. par l'Océan Atlantique. Elle est de forme triangulaire, et se termine au sud en pointe, comme l'Afrique.

L'Amérique du Sud est comprise entre les degrés 37° et 83° de long. occid.; le degré 11° de lat. boréale et le degré 56° de lat. australe.

NOTIONS PHYSIQUES.

2. GOLFES ET BAIES. Le littoral de l'Amérique du Sud est peu accidenté. La mer forme à l'O., le golfe d'*Arica*, la baie ou golfe de *Guayaquil* et le golfe de *Panama*; au N.-E., les golfes de *Darien*, du Vénézuela ou *Maracaïbo* et de *Paria*, et l'Estuaire de l'Amazone; au S.-E., la baie de *Tous-les-Saints*, la lagune de *Los Patos*, l'Estuaire du Rio de la Plata, la baie de *Saint-Antoine* et le golfe de *Saint-Georges*.

3. DÉTROITS. On trouve, au Sud de l'Amérique, le *détroit de Magellan*, découvert par Magellan en 1519, entre la Patagonie et la Terre de Feu; et le *détroit de Lemaire*, découvert par Lemaire en 1616, entre la Terre de Feu et la Terre des États.

Les vapeurs mettent 33 heures à traverser le détroit de Magellan. Le Chili y a fondé Punta Arenas.

4. ILES. Les *îles* de l'Amérique méridionale sont : à l'O., l'arch. de la Mère de Dieu, l'île *Chiloë* et les îles Juan Fernandez (*Robinson Crusoë*), les îles Saint-Félix, les îles *Cincha*, riches en gisements de guano, et les îles Gallapagos ou des Tortues et l'île *Clipperton*, qui appartient à la France.

5. *Au N.*, l'arch. du Vénézuela, ou îles Sous le Vent, *Curaçao*, *Sainte-Marguerite* (Holl.) et la Trinité (*Angl.*). *Au S.*, la Géorgie Australe, l'île de l'Aurore, les îles Falkland ou Malouines (*Angl.*), la Terre de Feu, la Terre des États et l'île Horn.

6. CAPS. Les *principaux caps* de l'Amérique du Sud sont : à l'O., le *cap Blanc*; au N., la pointe *Gallinas*; à l'E., le cap *St-Roch*; au sud, le cap *des Vierges* et le cap *Horn*.

7. MONTAGNES. Le long de la côte occidentale court la *cordillère* ou grande chaîne des *Andes*, hérissée de pics volcaniques. Les principaux volcans sont le *Pichincha* (4,866ᵐ), le *Cotopaxi* (5,753ᵐ), et le *Chimboraço* (6,310ᵐ), non loin de Quito, dans l'Équateur; le volcan d'*Aréquipa* au Pérou.

8. CONTREFORTS. De la grande chaîne des Andes se détachent au N. la *Cordillère orientale* et la *Parime*; vers le centre, les monts de *Bolivie* et du *Brésil*. Les monts du Brésil viennent former au N.-O. de Rio de Janeiro le *nœud d'Itacolumi*.

9. PLATEAU DE BOLIVIE. A la jonction des Andes et des monts de Bolivie se trouve le *plateau de Bolivie*, au sommet duquel est placé le lac de *Puno* ou *Titicaca*. C'est à l'est de ce lac que s'élèvent le *Nevado de Sorata* (6,650ᵐ), et le *Nevado d'Illimani* (6,440ᵐ); l'*Aconcagua*, au Chili, est le point culminant des Andes (6,830ᵐ).

On donnait autrefois de plus grandes hauteurs à ces montagnes. Ces mesures sont difficiles et encore peu sûres.

10. FLEUVES. Sur le littoral occidental, on ne peut guère citer que le *Rio Guayaquil*; au N., nous trouvons le *Rio Magdalena*, qui laisse à sa droite Santa-Fé-de-Bogota; l'*Orénoque*, qui baigne Bolivar, et le *fl. des Amazones*, qui communique avec l'Orénoque par le *Cassiquiare* et le *Rio Negro*.

11. AMAZONE. Le *fl. des Amazones*, qui prend sa source au nœud de Pasco, descend des Andes par deux cours d'eau, le *Maragnon* ou *Tunguragua* et l'*Ucayalé*; après leur jonction, il court vers l'E., baigne Manaos et Santarem, et finit, après un cours de 6,500 k., en face de l'île Marajo. Ses principaux affluents, à droite, sont le *Rio Madeira*, qui arrose la Bolivie, et le *Rio Tocantins*, qui baigne Para ou Belem (35,000 h.), et que l'on peut considérer comme un fleuve distinct.

12. Au S.-E., on trouve le *Rio San-Francisco*; puis le *Rio de la Plata*, formé de l'Uruguay, du Parana et du Paraguay. L'*Uruguay* baigne Salto; le *Parana* baigne Corrientes et Parana; le *Paraguay* baigne l'Assomption; la *Plata* baigne Buenos-Ayres et finit en face de Montevideo. Le Paraguay reçoit le *Pilcomayo*, qui coule au S. de *Chuquisaca*, capitale de la Bolivie, et va lui offrir un nouveau débouché vers la mer.

13. On trouve encore au S. le *Rio Colorado* et le *Rio Negro*, dans l'ancienne Patagonie.

NOTIONS POLITIQUES.

14. DIVISION. L'Amérique du Sud se divise en treize régions politiques, dont :

Cinq au N. : la *Nouvelle-Grenade* ou *États-Unis de Colombie*, le *Vénézuela* et les trois *Guyanes*;

Quatre à l'O. : l'*Équateur*, le *Pérou*, la *Bolivie* et le *Chili*;

Quatre à l'E. : le *Brésil*, l'*Uruguay*, le *Paraguay* et la *Plata*.

15. NOUVELLE-GRENADE. La *Nouvelle-Grenade* ou *Colombie* a pour capitale *Santa-Fé-de-Bogota* (30,000 h.); v. p. *Panama* (18,000 h.), relié à Colon ou Aspinvall par un chemin de fer, et *Cartagène*, ports importants. — Pop. 3,000,000 d'h.

On creuse en ce moment le *canal de Panama*, qui unira l'Océan Atlantique à l'Océan Pacifique, en traversant le *col de la Culebra*, élevé de 82ᵐ. Sa longueur sera de 75 kil.

16. VÉNÉZUELA. Le *Vénézuela* a pour capitale *Caracas* (56,000 h.), dont le port est la Guayra; v. p. *Maracaïbo* (22,000 h.), sur le lac du même nom, et *Bolivar* (11,000 h.). — Pop. 2,100,000 h.

17. GUYANES. Au sud-est du Vénézuela sont situées les trois *Guyanes* : 1° la *Guyane anglaise*, c. *Georgetown* ou *Demerara* (36,000 h.), sur la Demerara. — Pop. 252,000 h.; 2° la *Guyane hollandaise*, c. *Paramaribo* (27,000 h.). — Pop. 70,000 h.; 3° la *Guyane française*, c. *Cayenne* (8,000 h.), jadis lieu de déportation, aujourd'hui presque abandonné à cause de son insalubrité. — Pop. 27,000 h.

18. ÉQUATEUR. L'*Équateur* a pour cap. *Quito* (80,000 h.), ville bâtie au milieu des Andes, à 2,850ᵐ d'alt. ; v. p. *Guayaquil* (30,000 h.), port de commerce. — Pop. 1,300,000 h.

Les îles des Tortues appartiennent à l'Équateur; le *Rio Napo* lui sert de route pour atteindre l'Amazone et traverser le continent. Il est divisé en 12 provinces.

19. PÉROU. Le *Pérou* a pour capitale *Lima* (122,000 h.), dont le port est *Callao*. Le pays est riche en mines d'or et d'argent; mais elles sont peu exploitées. — Pop. 2,700,000 h. Ce pays est sujet à de terribles tremblements de terre. Il a cédé la province de *Tarapaca* au *Chili* (mai 1883).

La *Sama* marque la limite jusqu'en 1894. A cette époque, ce sera la Québrada de Camarones.

20. BOLIVIE. La *Bolivie* ou *Haut Pérou* a pour capitale *Chuquisaca* ou la *Plata*, appelée aussi *Sucre* ou *Charcas* (30,000 h.), v. p. *La Paz*, sur le plateau de Bolivie (75,000 h.); à 3,717ᵐ d'altit. La *Bolivie* a perdu *Cobija*, qui était son seul port sur l'Océan, et tout son territoire sur la côte. — Pop. 2,000,000 d'h. Elle forme 9 départements.

21. CHILI. Le *Chili* a pour capitale *Santiago* (150,000 h.), relié par un chemin de fer à Valparaiso (98,000), port sur l'Océan. Le Chili s'est agrandi en 1883 : 1° d'une province de la *Bolivie*, c. *Cobija*; 2° d'une prov. du *Pérou*, c. *Tarapaca*, jusqu'au *Camarones* (un peu au sud d'Arica); 3° de la côte de la *Patagonie*, à l'O. des Andes, des rives du détroit de *Magellan* et de la côte occidentale de la *Terre de Feu*. — Pop. 2,400,000 h. C'est une longue côte, divisée en 21 provinces.

22. BRÉSIL. Le *Brésil* a pour cap. *Rio Janeiro* (409,000 h.), un des plus beaux ports du monde; v. p. *Bahia* ou *San-Salvador*, bâtie sur la baie de *Tous-les-Saints* (129,000 h.), et *Pernambouc* (116,000 h.), port fortifié. Les Transatlantiques de Bordeaux touchent en passant à ces trois villes. Le Brésil produit beaucoup de café. — Popul. 12,000,000 d'habit., dont cinq de race blanche.

Le Brésil est divisé en 20 provinces.

23. URUGUAY. L'*Uruguay* a pour cap. *Montevideo* (112,000 h.). Cette République portait autrefois le nom de *Bande Orientale*. — Pop. 450,000 h.

24. LE PARAGUAY. Le *Paraguay* a pour cap. l'*Assomption* (16,000 h.). Ce pays est célèbre par les missions que les Jésuites y avaient fondées. Par décision arbitrale du Président des États-Unis, il a acquis sur la rive droite du Paraguay une partie du Grand-Chaco. — Pop. 500,000 h.

25. LA PLATA. La *République Argentine* ou de la *Plata* a pour cap. *Buenos-Ayres* (300,000 h.), seconde ville de l'Amérique du Sud, où s'arrêtent les paquebots de Bordeaux. La République a acquis la *Patagonie* à l'est des Andes, et la côte orientale de la Terre de Feu.

La Patagonie et la Terre de Feu ont été partagées entre le Chili et la Plata. Les Patagons (environ 25,000) sont de taille très élevée. La Terre de Feu a reçu ce nom de Magellan, qui avait vu sur les glaces de nombreux reflets de lumière.

Cette République est divisée en 14 États et 9 territoires.

26. ILES DU SUD. Les Anglais occupent au N.-E. de la Terre de Feu les îles Falkland ou Malouines, c. *Stanley*, dans l'île Soledad; mais elles sont réclamées par la République Argentine.

Les îles et terres australes sont inhabitées.

27. GOUVERNEMENT, etc. Le Brésil, colonisé par les Portugais, a conservé leur langue et forme un empire. Tous les autres pays organisés en États indigènes proviennent des colonies espagnoles. Ils parlent l'espagnol et forment des républiques qui se rapprochent des États-Unis de l'Amérique du Nord.

Cependant quelques peuplades parlent des langues américaines. Tels sont les Guaranis dans le Paraguay. Le catholicisme est la religion professée dans tous ces États.

28. POPULATION. L'Amérique du Sud compte 30,000,000 d'h. répandus sur 18,000,000 de k. c. La majeure partie provient des colons européens; le reste, des indigènes et des nègres mélangés avec les autres races.

QUESTIONNAIRE. 1. Donnez les bornes de l'Amérique méridionale; 2. ... les golfes et baies; 3. ... les détroits; 4.-5. ... les îles; 6. ... les caps; 7.-8. ... les montagnes; 9. ... le plateau de Bolivie; 10. ... les fleuves.

11. Donnez le cours de l'Amazone; 12. ... le cours de la Plata; 13. ... les autres rivières. 14. Indiquez les États; 15. ... la Nouvelle-Grenade; 16. ... le Vénézuela; 17. ... les Guyanes; 18. ... l'Équateur; 19. ... le Pérou; 20. ... la Bolivie.

21. Quelques mots sur le Chili; 22. ... le Brésil; 23. ... sur l'Uruguay; 24. ... sur le Paraguay; 25. ... sur la République Argentine; 26. ... sur les îles du Sud; 27. ... sur la forme de gouvernement; 28. ... sur la population générale.

AMÉRIQUE DU SUD PHYSIQUE ET POLITIQUE

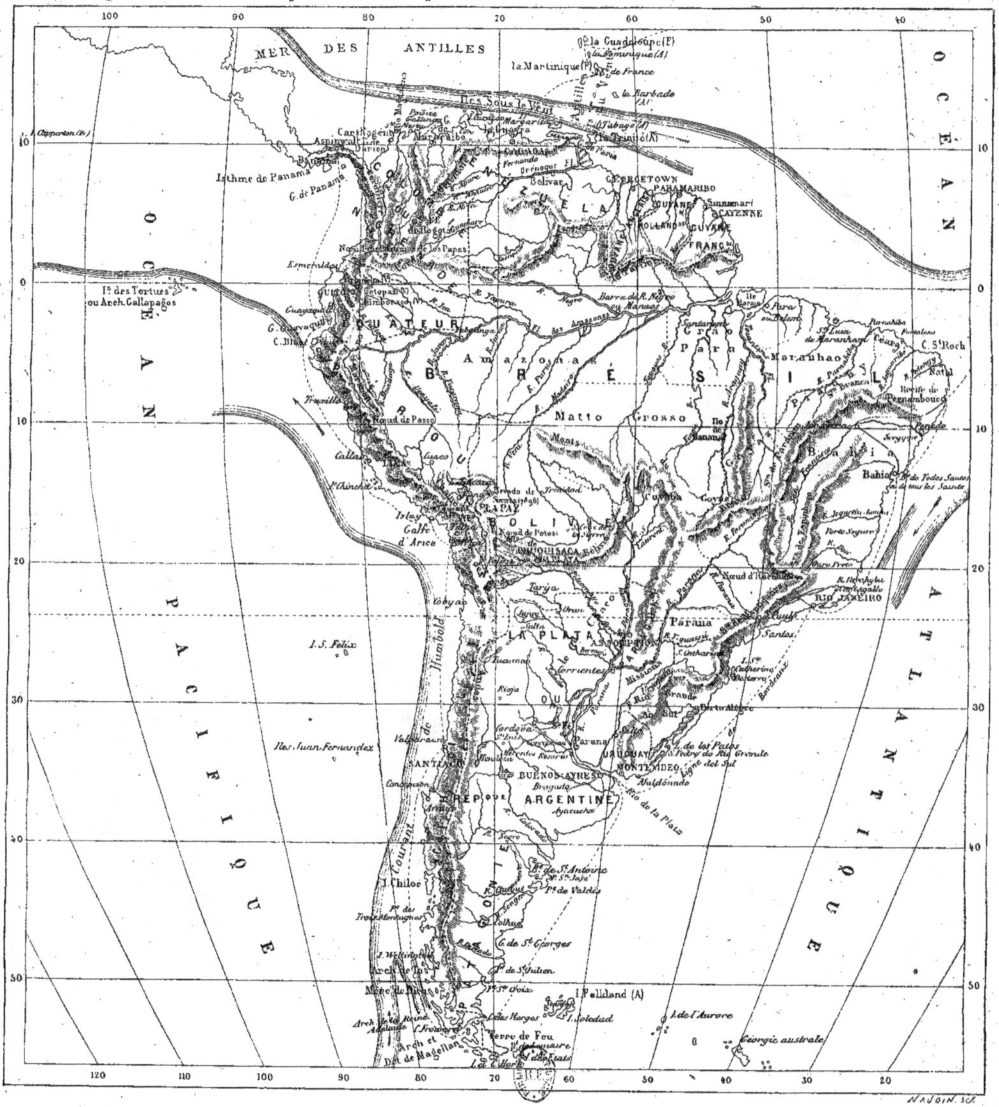

NAJOIN. sc.

OCÉANIE
CHINE
Mer de Chine
Luçon
Iles Philippines (E)
Archel de Borneo-Sierra
Détroit de Magellan
Arch. d'Anson
Ladrones ou Marianes
Iles Carolines (E)
MICRONÉSIE
OCÉANIE
OCÉAN PACIFIQUE Nord
Iles Sandwich
Hawaï
Équateur
Équateur
I. Fanning (A)
Sporades du Sud
I. Phoenix (E U) I. Jarvis (E U)
Arch. des Iles Marquises (F)
Arch. Roggeveen
Arch. Tarti (F) des Sociétés
AUSTRALIE
Australie Occidentale
Sydney
C. Sandy
Brisbane
Tropique du Capricorne
Gambier (F)
I. de Pâques
Détroit de Bass
I. Van Diemen ou Tasmanie
Nelle Zélande
Détroit de Cook
I. Nelle Ulster ou Ile Na-Mawi
Wellington
Nelle Munster ou Tavaï Pounamou
Antipodes de Paris
B. I. Auckland
I. Macquarie
POLYNÉSIE
Terre Sabrina
Terre Adélie
Carte
Terres Australes
Terre Victoria
I. Coulman
Volcan Erebus
QUEENSLAND OU TERRE DE LA REINE
NelleS GALLES DU SUD
Kangaroo
MER DU SUD
Détroit de Bass
OCÉAN PACIFIQUE
Van Diemen
AUSTRALIE SEPTENTRIONALE
I. Croker
I. Goulburn

OCÉANIE.

NOTIONS PHYSIQUES.

1. POSITION. L'*Océanie*, ou 5ᵉ partie du monde, est située au S.-E de l'Asie, entre l'Océan Indien à l'ouest et l'Océan Pacifique à l'est. Elle comprend l'*Australie*, qui peut recevoir le nom de *continent austral*, à raison de son étendue (7,750,000 k. c.), et une *multitude d'îles* dispersées au N. et à l'E. de l'Australie. On lui attribue 40,000,000 d'hab. et 11,000,000 de k. c.

2. ORIGINE. L'Océanie paraît devoir son origine à une action *volcanique*, du moins pour les *îles dont le sol est assez élevé au-dessus de la mer*. Les *îles basses* reposent sur des récifs de corail, œuvre et habitation d'animaux appelés *polypes*.

3. ASPECT PHYSIQUE. L'Océanie jouit d'un *climat tempéré*, bien qu'elle soit située dans la zone torride; la *végétation* y est admirable et se rapproche de celle de l'Asie méridionale. Les *îles élevées* présentent de nombreux volcans, qui couronnent des chaînes de montagnes. Les *îles basses*, au contraire, ont d'ordinaire à l'intérieur des lagunes, que les dépôts, accumulés par la mer autour des bancs de corail, n'ont point comblées.

4. DÉTROITS. Ces myriades d'îles présentent de nombreux détroits. Les principaux sont les détroits de *Malacca*, de la *Sonde*, de *Torrès*, de *Bass* et de *Cook*.

NOTIONS POLITIQUES.

5. RÉGIONS. On partage l'Océanie en quatre régions : 1º la *Malaisie*, habitée par les Malais, au teint brun-rougeâtre; 2º la *Mélanésie*, habitée par des nègres; 3º la *Micronésie*, habitée par des peuplades de race jaune mélangées aux Malais; 4º la *Polynésie*, habitée par la race olivâtre polynésienne.

1º MALAISIE.

6. DIVISION. La *Malaisie* comprend les îles Philippines, Bornéo, les îles de la Sonde, Célèbes et les Moluques.

7. PHILIPPINES. Les *îles Philippines*, soumises à l'Espagne, ont pour cap. *Manille* (200,000 h.), dans l'île Luçon. Ce bel archipel, riche en mines d'or, compte de 4 à 5 millions d'hab.

8. BORNÉO. *Bornéo* est une île plus vaste que la France. Elle est située sous l'équateur et compte environ 4 millions d'habitants. La partie N.-O. est indépendante. On y remarque le royaume de Bornéo, c. *Bornéo*, la Venise de la Malaisie (12,000 h.). La partie méridionale, dont la pr. ville est *Bandjermassing*, est soumise aux *Hollandais*, qui en tirent de beaux diamants. Les Anglais s'établissent au N.-E. de l'île, et occupent à l'O., près de Bornéo, l'île Labouan, riche en mines de houille. Les singes abondent sur tous les points de Bornéo.

9. ILES DE LA SONDE. A l'O. et au S. de Bornéo s'étendent les *îles de la Sonde*, soumises à la Hollande. Ce sont : *Sumatra*, *Java*, *Bali*, *Lombok*, *Sumbava*, *Flores*, etc. La dernière, *Timor*, est soumise à l'O. aux *Hollandais*, à l'E. aux *Portugais*. Elles sont toutes montagneuses.

10. SUMATRA. Dans l'île Sumatra, *Padang* (25,000 h.) est la résidence du gouverneur hollandais. Le N.-O. est encore peu soumis. L'île a 1700 k. de longueur et 4,500,000 h.

11. JAVA. Java, île Java, *Batavia* (100,000 h.) a 1000 k. et 20,000,000 d'h. Batavia est la cap. des possessions hollandaises dans les Indes. Ces îles fournissent de la gutta-percha, du charbon, etc.

12. CÉLÈBES. *Célèbes* est une grande île découpée en trois presqu'îles (2,000,000 d'h.). Le gouverneur hollandais réside à *Macassar*.

Célèbes et les petites îles de la Sonde sont dans une mer plus profonde que leurs voisines de l'ouest.

13. MOLUQUES. Cet archipel comprend les *grandes Moluques* (Gilolo, Céram, Amboine, Bourou, etc.) et les *petites Moluques* (Ternate, Batchian, etc.). Celles-ci sont situées à l'O., et près de l'île Gilolo, La cap. est *Amboine* (8,000 h.). Les Hollandais en tirent des épices (cannelle, muscade, etc.).

Les possessions hollandaises comptent 27,000,000 d'h.

2º MÉLANÉSIE.

14. RACES. La *Mélanésie* tire son nom des races nègres qui en forment la population indigène. Ce sont les *Papous* au N.-O., les *Andamènes* en Australie, les *nègres-océaniens* au N.-E. Ces nègres sont anthropophages et dégradés, surtout en Australie. Les *Papous* habitent les Moluques et la Nouvelle-Guinée; les *nègres-océaniens* habitent la Nouvelle-Bretagne, les îles Salomon, les Nouvelles-Hébrides, les îles Fidji et la Nouvelle-Calédonie.

15. NOUVELLE-GUINÉE. La *Nouvelle-Guinée* est une île longue de 2,500 k., et terminée par deux presqu'îles. Elle est encore inconnue à l'intérieur. On y aperçoit de hautes montagnes, qui continuent celles des îles de la Sonde. La Hollande occupe l'O. jusqu'au 139º de longitude; l'*Angleterre*, le S.-E.; l'*Allemagne*, le N.-E., avec les îles Bismark (îles de la Nouvelle-Bretagne et de la Nouvelle-Irlande).

16. AUSTRALIE. L'*Australie* ou Nouvelle-Hollande est une vaste terre, équivalente en étendue aux trois quarts de l'Europe. La chaîne des Montagnes Océaniennes s'y prolonge sous les noms de *Montagnes Bleues* au N.-E., d'*Alpes Australiennes* au S.-E., de *Montagnes Noires* ou *Pyrénées* au S. Elle est arrosée par le fleuve *Murray*, qui a un cours de 1500 k. On y trouve plusieurs lacs, entre autres les lacs Torrens et Eyre, des plaines rocheuses, etc. L'Australie est sillonnée au S.-E. par de nombreux chemins de fer; Adélaïde est reliée à Palmerston par une ligne télégraphique, qui communique avec l'Europe.

17. HABITANTS. La population indigène va chaque jour en diminuant, tandis que l'immigration y amène la population européenne. C'est en 1788 que l'Angleterre fonda la ville de Sidney. Le pénitencier, qui y fut établi alors, fut ensuite transféré dans la Tasmanie. Les colons anglais forment aujourd'hui six groupes coloniaux.

18. COLONIES. Les *colonies anglaises* sont :

1º l'AUSTRALIE OCCIDENTALE, c. *Perth* (7,000 h.). — Popul. : 30,000 h.;

2º l'AUSTRALIE MÉRIDIONALE, c. *Adélaïde* (40,000 h.). — Popul. : 293,000 h.;

3º l'AUSTRALIE HEUREUSE ou VICTORIA, c. *Melbourne* (322,000 h.). — Popul. : 882,000 h;

4º la NOUVELLE-GALLES DU SUD, cap. *Sydney* (230,000 h.). — Popul. : 781,000 h.;

5º le QUEEN'S LAND (Terre de la Reine), c. *Brisbane* (34,000 h.). — Popul. : 227,000 h.

L'Australie septentrionale, c. *Victoria*, sur le port Essington; v. p. Palmerston, dépend de l'Australie méridionale.

Un établissement nouveau se fonde au centre de l'Australie, sous le nom d'*Alexandra Land*.

6º La TASMANIE, ou île Van-Diemen, a pour cap. *Hobart-Town*. Elle a perdu toute sa population indigène, qui appartenait aux nègres papous.

19. PRODUCTIONS. L'Australie est riche en mines d'or, d'argent, et autres métaux; elle produit le café, la canne à sucre, l'indigo, etc.; elle nourrit de nombreux troupeaux. Ses animaux diffèrent entièrement de ceux des autres pays. Les plus remarquables sont le *kangourou* et l'*ornithorynque*. Parmi les arbres qui y croissent, l'*eucalyptus* est le plus précieux. L'Australie compte 2,300,000 h. et 7,750,000 k. c.

20. NOUVELLE-CALÉDONIE. La *Nouvelle-Calédonie* est une île montueuse de 360 k. de long. sur 48 à 60 de largeur. Sa cap. est *Nouméa* (6,000 h.). La France en a pris possession en 1853, ainsi que de l'*île des Pins* et de l'*arch. Loyalty*. Le pays est sain et fertile; on y trouve des mines de houille, de nickel, de fer, et même des mines d'or. C'est là que se trouvent aujourd'hui réunis les condamnés à la déportation. La population y est d'environ 75,000 h., dont les trois quarts sont des indigènes appelés *Canaques*.

Les colons européens sont au nombre de 7,000.

21. ILES FIDJI. L'Angleterre occupe le groupe des *îles Fidji*, dont les deux principales sont Viti-Levou et Vanua-Levou. Les autres groupes : les *Nouvelles-Hébrides* et les îles *Salomon*, ne manquent pas d'importance; on y exploite d'abondants minerais. C'est dans ces parages, près de l'île *Vanikoro*, qu'est mort La Pérouse, en 1788.

3º MICRONÉSIE.

22. LA MICRONÉSIE comprend les archipels de *Magellan*, d'*Anson*, de *Marshall*, de *Gilbert*. On y trouve à l'O. les *Mariannes*, cap. Agagna, et les *Carolines*, soumises à l'Espagne. L'Allemagne convoite ces dernières, et a même occupé un moment l'île d'Yap, qui en est la principale.

4º POLYNÉSIE.

23. A la POLYNÉSIE appartiennent : au N., les îles *Sandwich*, c. Honolulu (c'est dans ces îles que périt Cook en 1779); les îles *Samoa* ou des Navigateurs; les îles *Tonga* ou des Amis. Au S.-E., la France y possède les *îles de la Société*, dont la principale est *Tahiti*, c. Papeiti; les *îles Marquises*, les *îles Gambier*, et le protectorat des îles Basses ou Tuamotou et des îles Toubouaï.

Les États-Unis ont occupé quelques-unes des îles Gilbert et des Sporades (Brook, Walker, Christmas, Phœnix, Jarvis, etc.).

24. NOUVELLE-ZÉLANDE. La *Nouvelle-Zélande*, c. Wellington (20,000 h.), comprend deux îles principales : la N. *Ulster* et la N. *Munster*. Ces deux belles îles, occupées par l'Angleterre en 1839, comptent 500,000 h., dont 40,000 Polynésiens, dits Maoris. V. p. Auckland (31,000 h.), Nelson et Dunedin (43,000 h.).

25. RACES. La population de l'Océanie comprend : 1º les indigènes océaniens; 2º les colons européens, Anglais, Hollandais, Espagnols et Français. Le paganisme règne dans la plupart des îles; le catholicisme et le protestantisme, dans les colonies européennes et quelques groupes d'îles.

QUESTIONNAIRE. 1. Indiquez la position de l'Océanie; 2. ... son origine; 3. ... son aspect physique; 4. ... ses détroits; 5. ... ses quatre régions; 6. ... les îles de la Malaisie; 7. ... les Philippines; 8. ... Bornéo; 9. ... les îles de la Sonde; 10. ... Sumatra; 11. ... Java. 12. Parlez-nous de l'île Célèbes; 13. ... des Moluques; 14. ... des races de la Mélanésie; 15. ... de la Nouvelle-Guinée; 16. ... de l'Australie; 17. ... des habitants; 18. ... des colonies anglaises en Australie et Tasmanie. 19. Quelques mots sur les productions de l'Australie; 20. ... sur la Nouvelle-Calédonie; 21. ... sur les îles Fidji, etc.; 22. ... sur la Micronésie; 23. ... sur la Polynésie; 24. ... sur la Nouvelle-Zélande; 25. ... sur la population générale de l'Océanie.

ÉTATS DE L'EUROPE.

1. DIVISION. L'Europe comprend 18 États : l'Angleterre, la Hollande, la Belgique, la France, le Portugal, l'Espagne, l'Italie, la Grèce, la Turquie, la Roumanie, la Serbie, le Montenegro, l'Autriche, le Danemark, la Suisse, l'Allemagne, la Suède et la Russie.

ANGLETERRE.

2. BORNES. L'*Angleterre* est bornée à l'O. et au N., par l'Oc. Atlantique; à l'E., par la mer du N.; au S., par la Manche. Elle est formée de *deux îles* : la *Grande-Bretagne* et l'*Irlande*. Ces îles sont séparées par le canal St-Georges, la mer d'Irlande et le canal du Nord.

L'Angleterre est séparée de la France par le *détroit du Pas-de-Calais*, dont la moindre largeur est de 28 kil. et la plus grande profondeur de 65 ᵐ.

NOTIONS PHYSIQUES.

3. ILES. Aux deux îles principales, il faut rattacher les *Shetland* et les *Orcades*, au N.; les Hébrides, au N.-O.; les îles de *Man* et d'*Anglesey*, dans la mer d'Irlande; les Sorlingues, l'île de *Wight*, Aurigny, Guernesey et *Jersey*, dans la Manche.

Ces îles sont reliées à Southampton par un service quotidien de paquebots; à St-Malo et à Granville par d'autres vapeurs.

4. GOLFES. Les principaux golfes sont : à *l'ouest*, ceux de Bristol, de Solway et de la Clyde; à *l'est*, ceux de Murray, du Forth, du Wash et de la Tamise.

5. CAPS. On trouve *au S.-O.*, les caps Mizen et Land's End; *au N.-E.*, les caps Duncansby et Kunnairds; *au S.-E.*, le cap Nord-Foreland; *au S.*, les caps Bèveziers et Lizard.

6. MONTAGNES. Les *montagnes* de l'Irlande sont peu élevées; elles ont leur point culminant au mont *Carran-Tual* (1134 ᵐ). L'île est généralement basse, humide et couverte de prairies.

La *Grande-Bretagne* est un pays de plaines au S.-E.; mais dans le pays de Galles et dans l'Écosse, elle est montagneuse.

On trouve en Écosse les monts *Cheviots*, dont le point culminant est le Hartfell (1007 ᵐ), et les monts *Grampians*, dont le plus haut sommet est le Ben-Nevis (1332 ᵐ).

7. FLEUVES. En Irlande, le *Shannon* passe à Limerick, la Boyne à Drogheda, la Liffey à Dublin. Dans la Grande-Bretagne, à l'O., la *Severn* passe à Glocester, la *Mersey* à Liverpool, la *Clyde* à Glascow, grand chantier maritime (510,000 h.); le canal calédonien conduit à Inverness.

8. A l'E., le *Forth* baigne Leith, port d'Édimbourg; la *Tweed* baigne Berwick et sépare l'Écosse de l'Angleterre; la *Tyne* passe à Newcastle. L'*Humber* arrose Hull et reçoit l'*Ouse* qui passe à York et la *Trente* qui passe à Nottingham. La *Grande-Ouse* se jette dans le Wash, après avoir reçu la Cam, rivière de Cambridge.

9. La *Tamise*, le fleuve le plus important des îles britanniques, est formée de la *Thame* et de l'*Isis*. L'Isis baigne Oxford; la Tamise passe à Windsor, château royal; à Londres (4,500,000 h.), la plus grande ville du monde entier; à Greenwich, observatoire de l'Angleterre, et à Wolwich, école militaire.

La *Grande-Stour* arrose Cantorbéry.

10. PORTS. La côte méridionale offre les ports de *Douvres*, *Folkestone* et *New-Haven*, reliés par des paquebots aux ports français de Calais, Boulogne et Dieppe; Hastings, témoin de la victoire de Guillaume le Conquérant (1066); *Portsmouth*, 1ᵉʳ port militaire de l'Angleterre; Southampton et Newport; Torbay, où débarqua Guillaume d'Orange (1688); enfin *Plymouth*, le 2ᵉ port militaire de l'Angleterre.

NOTIONS POLITIQUES.

11. GOUVERNEMENT. Le royaume de la Grande-Bretagne et de l'Irlande est une monarchie constitutionnelle. La famille régnante est une branche de la maison de Hanovre. Elle partage le pouvoir législatif avec deux Chambres : l'une héréditaire, la Chambre des lords; l'autre élective, la Chambre des députés. Ces deux Chambres forment le Parlement.

12. DIVISIONS. Le royaume est divisé en trois parties : 1° l'*Angleterre* et le pays de Galles, c. Londres; 2° l'*Écosse*, c. Édimbourg (233,000 h.); 3° l'*Irlande*, c. Dublin (400,000 h.).

L'Angleterre et le pays de Galles sont subdivisés en 52 comtés, dont 40 pour l'Angleterre. L'Écosse compte 33 comtés. L'Irlande en a aussi 32; mais ils sont groupés en quatre provinces : le Connaught au N.-O., le *Leinster* au S.-E., le *Munster* au S.-O., et l'*Ulster* au N.-E. Total : 117 *comtés*.

13. INDUSTRIE, etc. L'Angleterre est célèbre par sa marine militaire et marchande; par son industrie et ses mines de fer et de houille; par ses villes manufacturières, comme *Birmingham* et *Manchester* en Angleterre, *Glascow* en Écosse, *Belfast* en Irlande; par ses *universités* de Cambridge et d'Oxford.

Les ports d'exportation sont, après Londres, *Southampton*, au S.; *Bristol* (207,000), *Liverpool* (552,000) et *Glascow* à l'O.; *Dundee*, *Newcastle* (210,000), *Hull* (155,000) et *Douvres* à l'E.

Le protestantisme, établi par Henri VIII et Élisabeth, domine en Angleterre et en Écosse; le catholicisme s'est maintenu en Irlande et commence à se relever en Angleterre et en Écosse.

14. ROUTES, etc. L'Angleterre est sillonnée en tous sens de routes, de canaux et de chemins de fer, qui suppléent à l'absence des grands fleuves.

L'Angleterre est la première *puissance maritime*, coloniale et commerciale du globe; sa flotte militaire compte 73 vaisseaux cuirassés.

15. POSSESSIONS. Outre les îles nommées plus haut, l'Angleterre possède en Europe : *Helgoland* dans la mer du Nord; *Gibraltar* en Espagne; *Malte*, c. La Vallette, (et *Chypre*) dans la Méditerranée. Ses colonies ne comptent pas moins de 200,000,000 d'h. et 20,000,000 de k. c.

16. POPULATION ET ÉTENDUE. On compte

en Angleterre :	26,000,000 hab. sur	151,000 kil. c.	
en Écosse. . :	3,500,000 »	81,000 »	
en Irlande. . :	5,500,000 »	84,000 »	
	35,000,000	316,000 »	

HOLLANDE ou PAYS-BAS.

17. BORNES. La *Hollande* est bornée au N.-O. par la mer du Nord; à l'E., par l'Allemagne; au S., par la Belgique.

18. ASPECT PHYSIQUE. La Hollande est un pays dont le sol est parfois inférieur au niveau de la haute mer. Des digues empêchent les eaux d'y pénétrer. Des écluses ferment alors les embouchures des canaux et des rivières; celles-ci ne coulent dans la mer qu'à marée basse.

19. FLEUVES. La Hollande est arrosée par l'*Yssel*, qui baigne Zutphen et Deventer et se jette dans le golfe du Zuiderzée ; par le *Rhin inférieur*, qui baigne Arnheim, Utrecht et Leyde; par la *Meuse*, qui baigne Maestricht et Rotterdam (162,000 h.). Le Rhin communique avec la Meuse par le *Wahal*, qui baigne Nimègue, et par le *Leck*; avec le Zuiderzée, par le *Vecht*, qui finit à Muiden, où sont les principales écluses, et par l'*Yssel*, auquel il est relié par le canal de Drusus.

Les bouches de l'*Escaut* baignent Berg-op-Zoom et Flessingue.

20. GOUVERNEMENT. La Hollande forme une monarchie constitutionnelle, dont la cap. est *La Haye* (128,000 h.). La famille régnante est la maison de Nassau-Orange. Le roi possède le *duché de Luxembourg*, cap. Luxembourg, au S.-E. de la Belgique. Ce duché ne fait point partie de la Hollande.

21. PORTS. *Amsterdam* (350,000 h.), port principal et 2ᵉ capitale des Pays-Bas, est reliée à la mer du N. par un large canal ouvert en 1876. Le *Helder*, port militaire, en face du Texel. Les Pays-Bas comptent 11 provinces et un duché, (4,173,000 h.), dont les 2/3 sont protestants et 1/3 catholiques.

BELGIQUE.

22. BORNES. La *Belgique* est bornée à l'O., par la mer du Nord; au N., par les Pays-Bas; à l'E., par l'Allemagne et le duché de Luxembourg; au S., par la France.

23. ASPECT PHYSIQUE. La Belgique n'offre que de faibles collines, qui séparent l'Escaut de la Meuse et une portion des Ardennes occidentales et orientales. Sur le littoral, on trouve Nieuport et Ostende.

24. COURS D'EAU. La Belgique est arrosée par l'*Escaut*, qui baigne Tournai, Audenarde, Gand (134,000 h.) et la place forte d'*Anvers* (176,000 h.). Il reçoit le *Ruppel* à droite et la *Lys* à gauche. Le Ruppel est formé de la *Senne*, qui baigne Bruxelles; de la *Dyle*, qui passe à Louvain et à Malines, et des deux *Nèthes*. La Lys baigne Menin et Courtrai.

25. LA MEUSE baigne en Belgique Dinant, Namur et Liège (126,000 h.). Elle reçoit la *Sambre*, qui passe à Charleroy et finit à Namur.

La vallée de la *Sambre* et celle de la *Meuse*, entre Namur et Liège, offrent en sous-sol un des plus riches bassins houillers de l'Europe.

26. GOUVERNEMENT, etc. La Belgique est une monarchie constitutionnelle, dont la c. est *Bruxelles* (400,000 h.). La famille régnante est une branche de la maison de Saxe-Cobourg. Le pays est divisé en 9 provinces et compte 5,500,000 h. C'est le pays le plus peuplé de l'Europe relativement à son étendue. L'industrie, l'agriculture, les mines y sont très prospères.

Le roi des Belges vient de prendre le titre de roi de l'*État indépendant du Congo* (Afrique).

Les Belges professent la religion catholique.

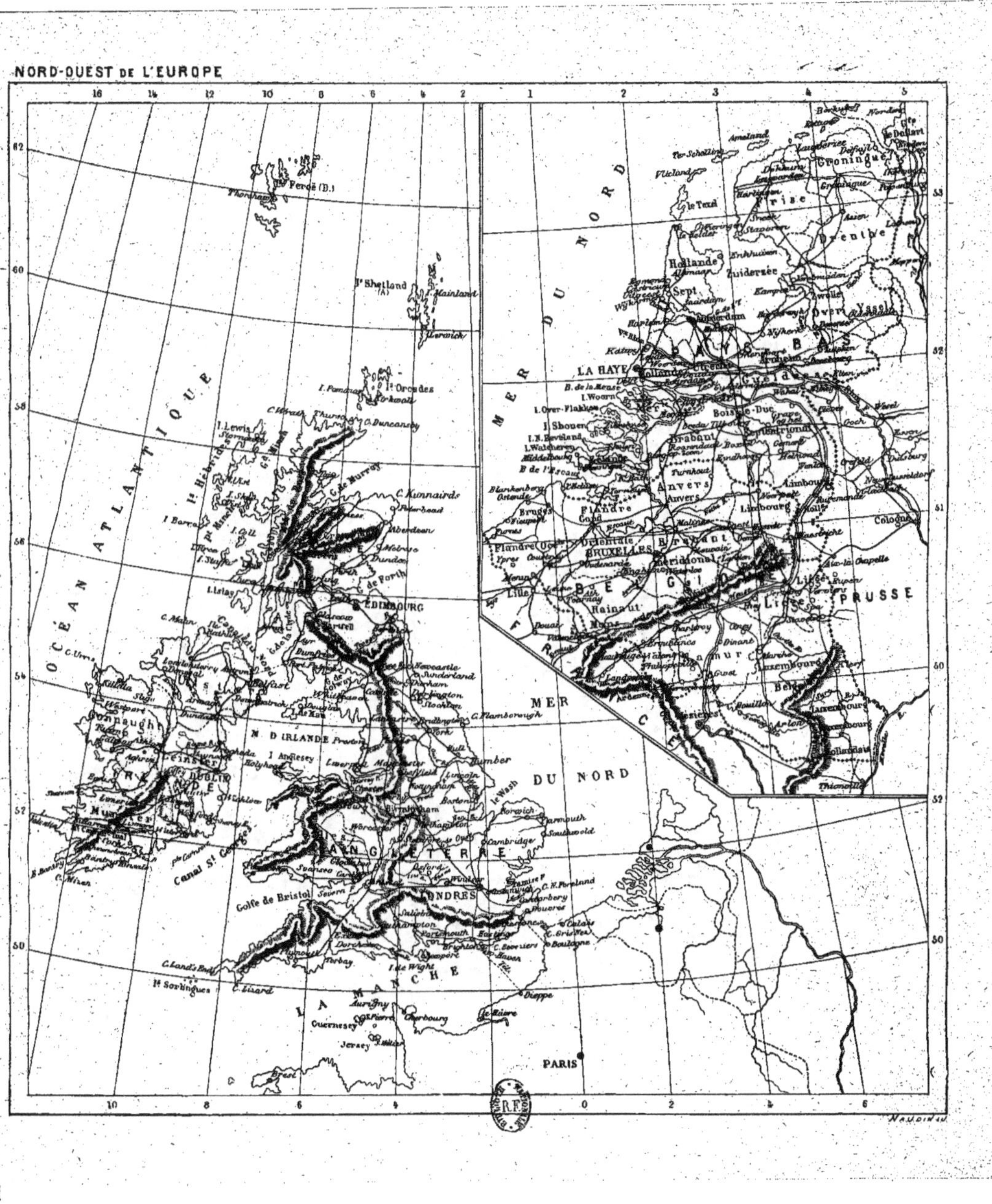
OCÉAN ATLANTIQUE
MER DU NORD
MER DU NORD
LA MANCHE
Canal St Georges
ANGLETERRE
IRLANDE
EDIMBOURG
LONDRES
PARIS
BRUXELLES
BELGIQUE
LA HAYE
PAYS-BAS
FRANCE
PRUSSE
Ferœ (D.)
I.es Shetland
I.es Orcades
I.es Hébrides
Golfe de Bristol
Anvers
Flandre
Brabant
Hainaut
Groningue
Frise
Drenthe
Over-Yssel
Zuiderzée
Cologne
Luxembourg
R.F.

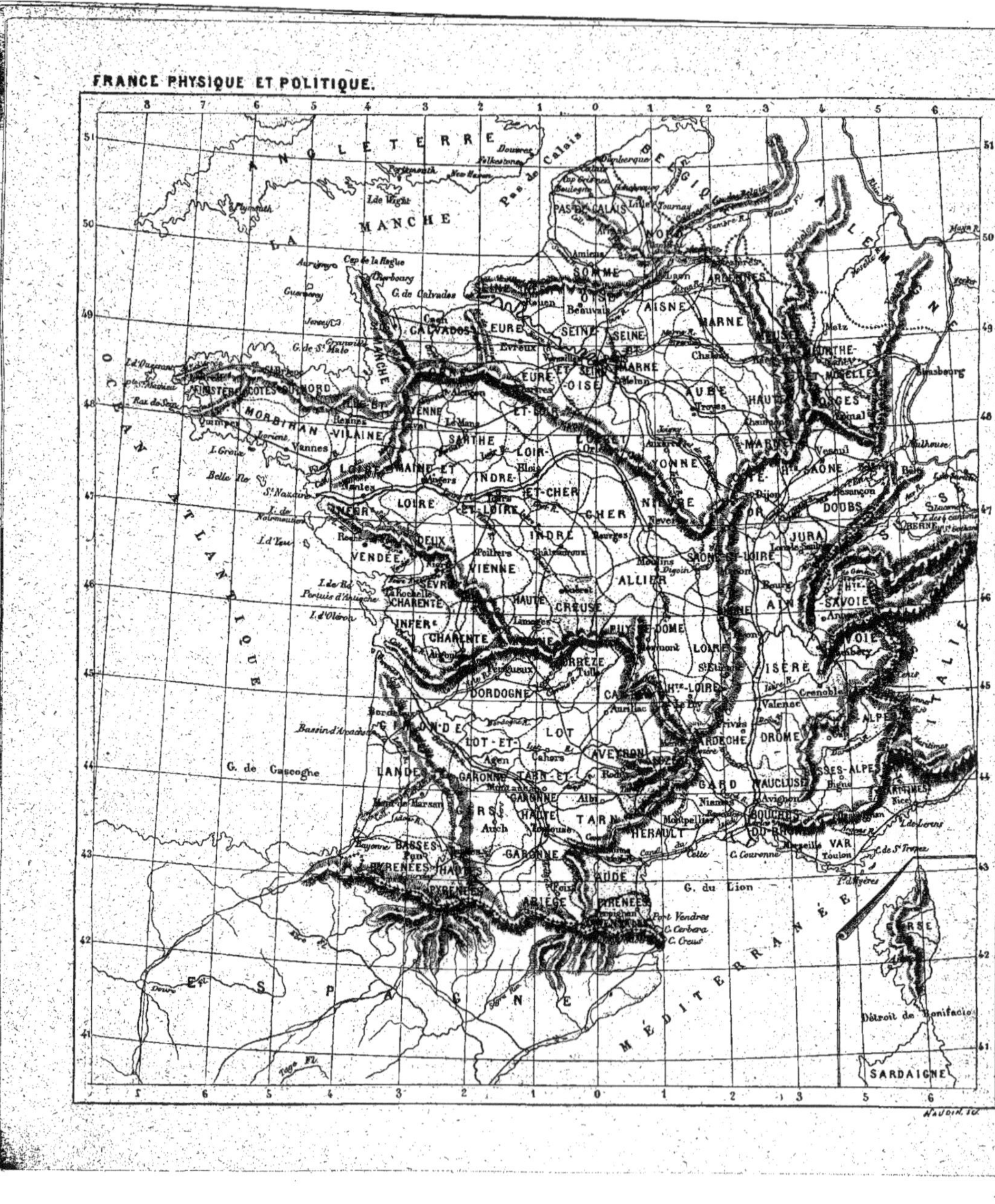

ANGLETERRE
LA MANCHE
BELGIQUE
ALLEMAGNE
OCÉAN ATLANTIQUE
PAS DE CALAIS
NORD
SOMME
AISNE
ARDENNES
SEINE INFÉRIEURE
OISE
MARNE
MEUSE
MOSELLE
CALVADOS
EURE
SEINE
SEINE-ET-MARNE
AUBE
HAUTE-MARNE
VOSGES
MANCHE
ORNE
EURE-ET-LOIR
LOIRET
YONNE
CÔTE-D'OR
HAUTE-SAÔNE
FINISTÈRE
CÔTES-DU-NORD
ILLE-ET-VILAINE
MAYENNE
SARTHE
LOIR-ET-CHER
CHER
NIÈVRE
DOUBS
JURA
MORBIHAN
LOIRE-INFÉRIEURE
MAINE-ET-LOIRE
INDRE-ET-LOIRE
INDRE
CREUSE
ALLIER
SAÔNE-ET-LOIRE
AIN
HAUTE-SAVOIE
VENDÉE
DEUX-SÈVRES
VIENNE
HAUTE-VIENNE
PUY-DE-DOME
LOIRE
RHONE
ISÈRE
SAVOIE
CHARENTE-INFÉRIEURE
CHARENTE
CORRÈZE
CANTAL
HAUTE-LOIRE
ARDÈCHE
DROME
HAUTES-ALPES
DORDOGNE
LOT
AVEYRON
GARD
VAUCLUSE
BASSES-ALPES
ALPES-MARITIMES
GIRONDE
LOT-ET-GARONNE
TARN-ET-GARONNE
TARN
HÉRAULT
BOUCHES-DU-RHONE
VAR
LANDES
GERS
HAUTE-GARONNE
AUDE
BASSES-PYRÉNÉES
HAUTES-PYRÉNÉES
ARIÈGE
PYRÉNÉES-ORIENTALES
ESPAGNE
ITALIE
G. de Gascogne
MÉDITERRANÉE
G. du Lion
CORSE
SARDAIGNE
Détroit de Bonifacio
Plymouth
I. de Wight
Cherbourg
G. de Calvados
G. de St Malo
Rennes
Nantes
St Nazaire
La Rochelle
I. d'Oléron
I. de Ré
Bordeaux
Bayonne
Toulouse
Montpellier
Marseille
Toulon
Nice
Grenoble
Besançon
Dijon
Bourges
Orléans
Paris
Amiens
Lille
Metz
Strasbourg
Mulhouse
NAUDIN SC.

FRANCE PHYSIQUE ET POLITIQUE.

1. BORNES. La France est comprise entre l'Océan Atlantique *à l'O.*; la Manche, le détroit du Pas-de-Calais et la mer du Nord *au N.-O.*; la Belgique, le Luxembourg et l'Allemagne *au N.-E.*; la Suisse et l'Italie *à l'E.*; la Méditerranée et l'Espagne *au S.*

Elle présente par conséquent la forme d'un *hexagone*, c'est-à-dire d'une figure entourée de six côtés.

NOTIONS PHYSIQUES.

2. GOLFES. On trouve sur les côtes de France, le golfe de *Gascogne*, formé par l'Oc. Atlantique; les golfes de *St-Malo* et du *Calvados*, formés par la Manche; le golfe du *Lion*, formé par la Méditerranée.

Le littoral de la mer décrit au sud de la France une *S* renversée.

3. ILES. A part la Corse, la France ne possède sur son littoral que de petites îles : telles sont les îles d'*Oleron*, de *Ré*, d'*Yeu*, de *Noirmoutiers*, *Belle-Ile* et *Ouessant*, dans l'Océan Atlantique ; les îles d'*Hyères* et de *Lérins*, dans la Méditerranée.

4. PRESQU'ILES ET CAPS. La France offre à l'O., la *presqu'île de Bretagne*, terminée par le ras de Sein et la pointe St-Matthieu; au N.-O., la *presqu'île du Cotentin*, terminée par le *cap de la Hague*; plus à l'E., le *cap de la Hève* et le *cap Grisnez*; au S., le *cap Cerbera*, le *cap Couronne* et le *cap de St-Tropez*.

5. LIGNE DE PARTAGE DES EAUX. La France est divisée en deux versants par la *ligne de partage des eaux*. Cette ligne comprend les Pyrénées, les Corbières occidentales, les Cévennes méridionales et septentrionales, la Côte-d'Or, le plateau de Langres, les monts Faucilles, les Vosges et le Jura.

6. BASSINS DE LA FRANCE. Le *versant du N.-O.* comprend les trois bassins de la Seine, de la Loire et de la Garonne; le *versant du S.-E.* forme le bassin du Rhône. Le premier déverse ses eaux dans l'Océan Atlantique; le second, dans la mer Méditerranée.

7. CONTREFORTS ENTRE LES BASSINS. *Au N.-E. de la Seine*, on trouve les collines de l'Artois, les Ardennes et l'Argonne occidentale; *au S.-O.*, les monts du Morvan, du Nivernais, le plateau d'Orléans, les collines du Perche, de Normandie et de Bretagne.

8. *Entre la Loire et la Garonne*, on trouve les monts de la Margeride, d'Auvergne, du Limousin, du Poitou, et le plateau de Gatine.

9. *A l'E. du Rhône*, au delà du Jura, on trouve les Alpes Bernoises, les Alpes Pennines, les Alpes Grées, les Alpes Cottiennes et les Alpes Maritimes. Le mont Blanc (4,810ᵐ) est le point culminant des Alpes.

10. FLEUVES. La *Moselle* passe à Épinal, sort de France entre Nancy et Metz, et se jette dans le Rhin. La *Meuse* passe à Verdun, à Sedan et à Mézières, et continue ensuite en Belgique. L'*Escaut* passe à Cambrai et entre en Belgique, près de Tournai.

11. LA SEINE. Le bassin de la Seine comprend la *Somme* au N., la *Seine* au centre, l'*Orne* à l'O.

La *Somme* baigne Amiens. La *Seine* baigne Troyes, Paris, Rouen, le Havre; elle reçoit la *Marne*, qui passe à Chaumont et à Châlons; l'*Yonne*, qui passe à Auxerre, et l'*Eure*, qui passe à Chartres. L'*Orne* arrose Caen.

12. LA LOIRE. La *Loire* passe entre Le Puy et St-Étienne, à Nevers, à Orléans, à Blois, à Tours, à Nantes et à St-Nazaire. Elle reçoit à droite la *Maine*, qui passe à Angers. La Maine reçoit la *Mayenne*, qui passe à Laval, et la *Sarthe*, qui passe à Alençon et au Mans. La Loire reçoit à gauche l'*Allier*, qui baigne Moulins ; l'*Indre*, qui baigne Châteauroux; la *Vienne*, qui arrose Limoges.

La *Loire* est le plus large et le plus long des fleuves de la France; mais elle est encombrée de bancs de sable dangereux, et elle inonde quelquefois ses rives.

13. LA GIRONDE. Ce bassin comprend la *Sèvre Niortaise*, qui passe à Niort; la *Charente*, qui arrose Angoulême et Rochefort ; la *Garonne*, qui passe à Toulouse, à Agen et à Bordeaux.

La Garonne reçoit à droite le *Tarn*, qui baigne Albi et Montauban; le *Lot*, qui baigne Mende et Cahors; la *Dordogne*, qui reçoit l'Isle, riv. de Périgueux, et par sa réunion avec la Garonne, forme la *Gironde*. La Garonne reçoit à gauche le *Gers*, qui passe à Auch.

Plus au sud, la *Leyre* se jette dans le bassin d'Arcachon; l'*Adour* arrose Tarbes et Bayonne.

14. LE RHONE. Au bassin du Rhône appartiennent l'*Aude*, qui passe à Carcassonne; le *Rhône*, qui traverse le lac et la ville de Genève en Suisse, puis Lyon, 2ᵉ ville de France, Valence, Avignon et Arles. Le Rhône reçoit à droite la *Saône*, qui passe à Macon, et à gauche l'*Isère*, qui passe à Grenoble.

Le *Rhône* est le fleuve le plus rapide de la France, ce qui le rend difficile à naviguer. Il a déposé à son embouchure beaucoup de sables, qui ont formé un *delta*, c'est-à-dire plusieurs bouches séparées par des îles.

NOTIONS POLITIQUES.

15. GOUVERNEMENT. La France a formé une *monarchie* durant quatorze siècles (420-1792). Deux fois, elle s'est constituée en *empire* (1804-1815 et 1852-1870). Aujourd'hui, pour la 3ᵉ fois, elle est devenue une *République* (1791-1804, 1848-1852 et 1871). Elle est administrée par un Président et deux Chambres, qui siègent à *Paris*, centre du gouvernement et capitale de la France. Cette ville compte 2,100,000 habitants.

Avant 1790, la France était divisée en 40 gouvernements et 35 provinces; depuis 1790, elle est divisée en départements.

16. DÉPARTEMENTS. La France est divisée en 86 départements et un territoire.

22 dép. au N. (*Bassin de la Seine et frontière N.-E.*)

1. Pas-de-Calais.	*Arras.*	12. Seine-Infér...	*Rouen.*	
2. Nord......	*Lille.*	13. Haute-Marne..	*Chaumont.*	
3. Ardennes...	*Mézières.*	14. Marne......	*Châlons.*	
4. Meuse......	*Bar-le-Duc.*	15. Aisne....	*Laon.*	
5. Meurt.-et-M.	*Nancy.*	16. Oise........	*Beauvais.*	
6. Vosges......	*Épinal.*	17. Somme ...	*Amiens.*	
7. Aube......	*Troyes.*	18. Yonne......	*Auxerre.*	
8. Seine-et-M...	*Melun.*	19. Eure-et-Loir..	*Chartres.*	
9. Seine......	*Paris.*	20. Calvados.....	*Caen.*	
10. Seine-et-Oise.	*Versailles.*	21. Manche....	*Saint-Lô.*	
11. Eure......	*Évreux.*	22. Côtes-du-N...	*St-Brieuc.*	

17. 21 dép. au N.-O. (*Bassin de la Loire.*)

23. Haute-Loire..	*Le Puy.*	33. Mayenne.....	*Laval.*
24. Loire......	*St-Étienne.*	34. Ille-et-Vilaine.	*Rennes.*
25. Nièvre......	*Nevers.*	35. Morbihan....	*Vannes.*
26. Loiret...	*Orléans.*	36. Finistère.	*Quimper.*
27. Loir-et-Cher..	*Blois.*	37. Puy-de-Dôme.	*Clermont.*
28. Ind.-et-Loire.	*Tours.*	38. Allier......	*Moulins.*
29. Maine-et-L.	*Angers.*	39. Cher......	*Bourges.*
30. Loire-Infér..	*Nantes.*	40. Indre......	*Châteauroux*
31. Orne.....	*Alençon.*	41. Creuse......	*Guéret.*
32. Sarthe...	*Le Mans.*	42. Haute-Vienne.	*Limoges.*
		43. Vienne........	*Poitiers.*

18. 20 dép. dans le *bassin de la Garonne*.

44. Hte-Garonne.	*Toulouse.*	54. Corrèze......	*Tulle.*
45. Tarn-et-Gar.	*Montauban.*	55. Dordogne....	*Périgueux.*
46. Lot-et-Gar...	*Agen.*	56. Charente....	*Angoulême.*
47. Gironde...	*Bordeaux.*	57. Charente-Inf.	*La Rochelle.*
48. Ariège..	*Foix.*	58. Deux-Sèvres..	*Niort.*
49. Tarn....	*Albi.*	59. Vendée.....	*Roche-s.-Yon*
50. Aveyron	*Rodez.*	60. Gers.......	*Auch.*
51. Lozère....	*Mende.*	61. Htes-Pyrénées.	*Tarbes.*
52. Lot......	*Cahors.*	62. Landes......	*Mt-de-Marsan.*
53. Cantal......	*Aurillac.*	63. Basses-Pyrén..	*Pau.*

19. 23 dép. et 1 territoire dans le *bassin du Rhône*.

64. Côte-d'Or...	*Dijon.*	76. Haute-Savoie.	*Annecy.*
65. Haute-Saône.	*Vesoul.*	77. Savoie...	*Chambéry.*
66. Doubs......	*Besançon.*	78. Isère...	*Grenoble.*
67. Jura......	*Lons-le-Saul-*	79. Drôme.	*Valence.*
68. Saône-et-L...	*Macon.* [nier.	80. Vaucluse.....	*Avignon.*
69. Ain........	*Bourg.*	81. Bouches-du-R.	*Marseille.*
70. Rhône......	*Lyon.*	82. Var........	*Draguignan.*
71. Ardèche....	*Privas.*	83. Hautes-Alpes.	*Gap.*
72. Gard.......	*Nîmes.*	84. Basses-Alpes.	*Digne.*
73. Hérault. ...	*Montpellier.*	85. Alpes-Marit..	*Nice.*
74. Aude.....	*Carcassonne.*	86. Corse......	*Ajaccio.*
75. Pyr.-Orient..	*Perpignan.*	87. *Territoire de Belfort.*	

20. POPULATION. La France est peuplée de 37,672,048 h., répartis sur 528,000 kil. c. La très grande majorité parle la langue française et professe la religion catholique.

Sur quelques points du territoire, on trouve des langues différentes : le *flamand* au Nord, le *breton* à l'Ouest, le *basque* au Sud-Ouest, le *provençal* dans le Midi, l'*italien* en Corse.

La France possède en *Algérie* une belle colonie où l'on parle l'*arabe*.

21. INDUSTRIE. Le *sol de la France* est fertile en céréales, fruits, vins, bestiaux. Les *plaines du Nord* sont excellentes pour l'*agriculture*; les *coteaux du Midi* pour la vigne. L'industrie exploite les mines de fer et de charbon, transforme le lin, le coton, la laine et la soie en tissus, façonne les métaux et les autres matières premières en articles de commerce. Les *routes*, les *canaux* et les *chemins de fer* facilitent les transports.

Ainsi le *canal du Midi* fait communiquer la Garonne avec le Rhône et la Méditerranée. Le *chemin de fer* emporte rapidement les marchandises de Paris à *Marseille*, au *Havre*, à *Bordeaux*, etc.

22. VILLES. Les principales villes de France sont : *Paris*, où sont concentrés les chemins de fer; *Lyon* (377,000 h.), célèbre par ses soieries; *Marseille* (360,000 h.), 1ᵉʳ port de commerce en France; *Bordeaux* (221,000 h.), centre d'excellents vignobles; *Lille* (178,000 h.), ville industrielle; *Toulouse* (140,000 h.), fonderie de canons; *Nantes* (125,000 h.), port de commerce à 48 kil. de la mer; *St-Étienne* (124,000 h.), principale manufacture d'armes en France; *Rouen* (106,000 h.), célèbre par la fabrication des cotonnades, appelées *Rouenneries*; *Le Havre* (106,000 h.), 2ᵉ port de commerce; *Toulon*, *Brest* et *Cherbourg*, ports militaires, etc.

QUESTIONNAIRE. 1. *Indiquez les bornes de la France;* 2. ... *les golfes;* 3. ... *les îles;* 4. ... *les presqu'îles et les caps;* 5. ... *la ligne de partage des eaux;* 6. ... *les bassins;* 7. ... *les contreforts autour de la Seine;* 8. ... *entre Loire et Garonne;* 9. ... *à l'E. du Rhône.* 10. *Donnez le cours des fleuves des bassins partiels du Nord;* 11. ... *du bassin de la Seine.*

12. *Donnez le cours du fleuve de la Loire;* 13. ... *de celui de la Gironde;* 14. ... *de celui du Rhône.* 15. *Quel est le gouvernement de la France?* 16. *Indiquez les départements du bassin de la Seine;* 17. ... *ceux du bassin de la Loire.*

18. *Indiquez les départements du bassin de la Garonne;* 19. ... *ceux du bassin du Rhône.* 20. *Quelques mots sur la population de la France;* 21. ... *sur l'industrie;* 22. ... *sur les principales villes.*

PORTUGAL ET ESPAGNE.

1. BORNES. La péninsule hispanique est bornée à l'O. par l'Océan Atlantique; au N. par le golfe de Gascogne et les Pyrénées; à l'E. et au S. par la Méditerranée et le détroit de Gibraltar.

La péninsule a la forme d'un quadrilatère, dont la superficie est de 585,000 k. c., supérieure à celle de la France.

NOTIONS PHYSIQUES.

2. ILES. On trouve sur les côtes de l'Espagne, au S., l'île de *Léon*, qui forme l'excellent port de Cadix, et l'île de *Tarifa*; à l'E., le groupe des îles *Baléares* : Iviça, Majorque et Minorque.

3. CAPS. Les *principaux caps* de la péninsule sont : à l'O., le cap St-Vincent; au N.-O., les caps Finisterre et Ortégal; à l'E., les caps Creus, Saint-Martin et Palos; au S., les caps de Gata, Tarifa et Trafalgar.

4. VERSANTS. La péninsule est *divisée en deux versants* par la ligne de partage des eaux. Le 1er est incliné au N.-O., vers l'Océan Atlantique; le 2e, à l'E., vers la Méditerranée.

Toute l'Espagne est un plateau formé de terrasses abruptes, découpé en vallées profondes et difficile à traverser.

5. LIGNE DE PARTAGE. La *ligne de partage des eaux* comprend : 1° la Sierra *Névada*; 2° les monts *Ibériques*; 3° les monts *Cantabres*, c'est-à-dire la portion des Pyrénées comprise entre les monts Ibériques et les Pyrénées françaises.

6. BASSINS. Le versant occ. forme *quatre principaux bassins*, limités par quatre chaînes de montagnes qui se rattachent à la ligne de partage. Ce sont : 1° la Sierra *Morena*; 2° les monts *Lusitaniens*; 3° les monts *Carpétaniens*; 4° les Pyrénées *océaniques*, depuis le cap Finisterre jusqu'aux monts Cantabres.

Le versant oriental n'offre qu'un bassin principal, celui de l'Èbre, limité au N. par les *Pyrénées* et à l'O. par les monts *Ibériques*.

7. FLEUVES. La péninsule hispanique est arrosée par *six fleuves* principaux, dont cinq se jettent à l'O. dans l'Océan Atlantique, et le 6e, l'Èbre, à l'E., dans la Méditerranée. Ce sont :

1. Le *Guadalquivir*, qui baigne Cordoue et Séville;
2. La *Guadiana*, qui baigne Alcazar et Badajoz;
3. Le *Tage*, qui baigne Tolède, Alcántara et Lisbonne; il reçoit les eaux du *Manzanarès*, qui baigne Madrid;
4. Le *Douro*, qui baigne Miranda de Douro et Porto;
5. Le *Minho*, qui baigne Lugo et Tuy;
6. L'*Èbre*, qui baigne Miranda del Ebro et Saragosse.

8. NATURE DU SOL. Le sol de la péninsule est fertile en *céréales* et en *fruits*; il produit d'excellents *vins*. Ses *mines de mercure*, de plomb, de zinc, de fer, etc., sont riches et abondantes; mais les *voies de communication* sont difficiles, et l'exploitation laisse à désirer.

NOTIONS POLITIQUES.

9. DIVISION. La péninsule hispanique forme *deux royaumes* : le *Portugal* au S.-O.; l'*Espagne* à l'E. (ou au N.-E.). La frontière qui les sépare commence au Minho, coupe ensuite le Douro, à l'E. de Miranda de Douro; coupe le Tage à l'O. d'Alcántara; atteint la Guadiana, à l'O. de Badajoz; la coupe ensuite et se termine à son embouchure. Elle a 912 kil.

PORTUGAL.

10. BORNES. Le *Portugal* est borné au S.-O. par l'Océan Atlantique, et au N.-E. par l'Espagne.

11. GOUVERNEMENT. Le Portugal forme une monarchie constitutionnelle, dont la c. est *Lisbonne* (255,000 h.), sur la rive droite du Tage. La famille régnante appartient à la *maison de Bragance*, qui est héréditaire dans les deux branches.

Le port de Lisbonne est formé par le magnifique estuaire du Tage, qui pourrait abriter toutes les flottes de l'Europe.

12. DIVISIONS ADMINISTRATIVES. Le royaume est divisé en huit provinces. Ce sont :

1. Algarves (royaume).	*Faro.*	5. Tras-os-Montes...	*Bragance.*
2. Alemtejo........	*Évora.*	6. E. Douro et Minho.	*Braga.*
3. Estramadure.. .	*Lisbonne.*	7. Açores.........	*Angra.*
4. Beïra...........	*Coimbre.*	8. Madère.........	*Funchal.*

Il possède en Afrique de belles colonies, dont il s'efforce en ce moment d'améliorer les conditions.

13. POPULATION. Le Portugal compte 4,500,000 habitants, répartis sur 93,000 kil. c. Ils professent la religion catholique. Les îles Açores et Madère font partie intégrante du royaume. *Porto* (106,000 h.), l'ancien Portus Cale, était autrefois la capitale du royaume, qui en a conservé le nom.

L'agriculture et l'industrie y sont peu prospères.

ESPAGNE.

14. BORNES. L'Espagne est bornée à l'O. par le Portugal et l'Océan; au N., par le golfe de Gascogne et les Pyrénées; à l'E. et au S., par la Méditerranée et le détroit de Gibraltar.

15. GOUVERNEMENT. L'Espagne forme une monarchie constitutionnelle, dont la c. est *Madrid* (500,000 h.). La famille régnante appartient à la maison de Bourbon.

Les *Cortès* comprennent un *Sénat* de 360 membres au plus et une *Chambre de Députés* élus pour cinq ans.

16. DIVISIONS ADMINISTRATIVES. L'Espagne est actuellement divisée en 49 provinces, en comprenant les îles Canaries. Nous citerons les *anciennes provinces*, dont les nouvelles ne sont qu'une subdivision.

1. Galice.......	*Santiago de C.*	8. Estramadure.	*Badajoz.*
2. Asturies.....	*Oviedo.*	9. Léon.......	*Léon.*
3. Vle Castille...	*Burgos.*	10. Nle Castille..	*Madrid.*
4. Prov. Basques.	*Bilbao.*	11. Andalousie.	*Séville.*
5. Navarre.....	*Pampelune.*	12. Murcie.....	*Murcie.*
6. Aragon.....	*Saragosse.*	13. Valence.....	*Valence.*
7. Catalogne....	*Barcelone.*	14. Iles Baléares.	*Palma.*
15. Les Canaries......	*Santa Cruz.*		

17. POPULATION. L'Espagne compte 17,000,000 d'habitants, répartis sur 507,000 kil. c. Les Espagnols professent la religion catholique.

L'industrie et le commerce commencent à s'y relever d'une longue décadence.

18. CHEMINS DE FER. Madrid est reliée par des chemins de fer : 1° avec la *France*, 1. par Valladolid, Burgos, Vitoria et Tolosa; 2. par Saragosse et Tarragone; 2° avec *Lisbonne*, par Alcazar et Badajoz; 3° avec *Cadix* (72,000 h.), par Cordoue et Séville (134,000 h.); 4° avec *Carthagène*, par Murcie; 5° avec *Alicante*, par Almanza; 6° avec *Barcelone* (250,000 h.), par Valence (147,000 h.), ou par Saragosse (85,000 h.), Lérida et Tarragone.

ITALIE.

19. BORNES. L'*Italie* est une *presqu'île* bornée à l'O. par la Méditerranée et la France; au N., par la Suisse et l'Autriche; à l'E., par l'Adriatique; au S., par la mer Ionienne.

20. DIVISION. L'Italie comprend *deux régions* bien distinctes : 1° l'*Italie sept.* ou *Haute Italie*; 2° l'*Italie péninsulaire*, qui comprend l'Italie moyenne ou centrale, et l'Italie méridionale ou Basse Italie.

HAUTE ITALIE.

21. LIMITES. La *Haute Italie* a pour ceinture, à l'O. et au N., les Alpes; à l'E., la mer Adriatique; au S., les Apennins du Nord et le golfe de Gênes.

22. ALPES. On divise les *Alpes* en trois groupes :

Les *A. occidentales* vont du col de Cadibone au Grand St-Bernard. On y trouve les *A. Maritimes* (col de Tende), jusqu'au mont Viso; les *A. Cottiennes* (col du mont Genèvre, tunnel et col du mont Cenis), jusqu'au mont Cenis; les *A. Grées* (col du Petit St-Bernard, mont Blanc (4,810 m), col du Grand St-Bernard), jusqu'au Grand St-Bernard.

23. Les *A. centrales* vont du Grand St-Bernard au Pic des Trois Seigneurs. Elles comprennent les *A. Pennines* (col du Simplon), jusqu'au mont St-Gothard; les *A. Lépontiennes* ou *centrales* prop. dites, jusqu'au mont Septimer (col du St-Gothard, du Bernardino et du Splugen); les *A. Rhétiques*, du mont Septimer au Pic des Trois Seigneurs (col de Maloya, de Bernina et du Brenner).

24. Les *A. orientales* comprennent les *A. Carniques* (cols de Toblac et de Tarvis), jusqu'au mont Terglou; les *A. Juliennes* (col d'Adelsberg), jusqu'au mont Kleck, etc.

25. FLEUVES. L'Italie septentrionale est arrosée par le *Tagliamento*, qui passe à Osopo; la *Brenta*, qui se jette dans les lagunes de Venise; l'*Adige*, qui baigne Trente et Vérone; le *Pô*, qui baigne Turin, Plaisance et Crémone. Tous se jettent dans la mer Adriatique.

26. AFFLUENTS DU PO. Les affluents du Pô sont : 1° à gauche la *Doria Riparia*, qui passe à Suze; la *Doria Baltea*, qui passe à Aoste, à Bard et à Ivrée; le *Tessin*, qui sort du lac Majeur, passe entre Novare et Magenta et baigne Pavie; le *Lambro* et l'*Olona*, qui passe à Milan; l'*Adda*, qui sort du lac de Côme et baigne Lodi; le *Mincio*, qui sort du lac de Garde et baigne Peschiera et Mantoue;

2° à droite, le *Tanaro*, qui passe à Alexandrie; la *Trebbia*, le *Taro*, l'*Enza* et la *Parma*, qui baigne Parme.

27. LITTORAL. Sur la côte, on trouve Savone, Gênes (180,000 h.), et la Spezzia, port militaire de l'Italie; plus au S., la Sardaigne, c. *Cagliari*.

28. CHEMINS DE FER. Turin est *relié à Venise* et à *Trieste*, par Milan et Vérone; à *Bologne*, par Alexandrie, Plaisance, Parme et Modène; à *Pise*, par Gênes, et à *Monaco*, par Gênes et Savone; à *Modane* en France, par le *tunnel du mont Cenis*; à la *Suisse*, par le tunnel du St-Gothard.

QUESTIONNAIRE. 1. *Donnez les bornes de la pénins. hispanique; 2. ... les îles; 3. ... les caps; 4. ... les versants; 5. ... la ligne de partage; 6. ... les bassins; 7. ... les fleuves; 8. ... la nature du sol; 9. ... la division politique.*

10. Quelles sont les bornes du Portugal? 11. ... son gouvernement? 12. ... ses divisions? 13. ... sa population? 14. Indiquez les bornes de l'Espagne; 15. ... son gouvernement; 16. ... ses divisions; 17. ... sa population; 18. ... ses chemins de fer.

19. Donnez les bornes de l'Italie; 20. ... sa division physique; 21. ... les limites de la Haute-Italie; 22. Décrivez les Alpes occidentales; 23. ... centrales; 24. ... orientales; 25. ... les fleuves de l'Italie; 26. ... les affluents du Pô; 27. ... le littoral; 28. ... les chemins de fer.

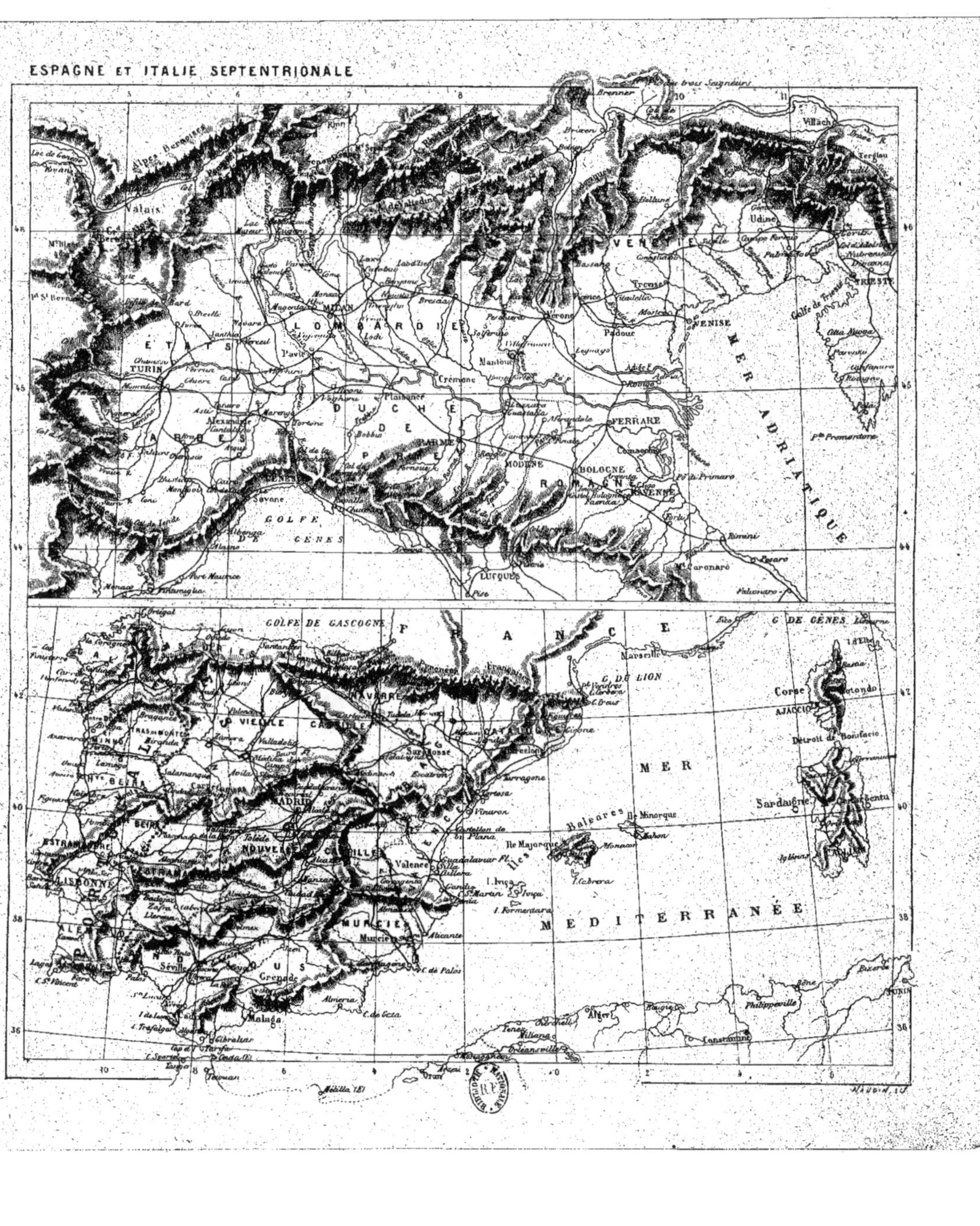

ALLEMAGNE
RUSSIE
BOHÊME
PRAGUE
GALICIE
VIENNE
AUTRICHE-HONGRIE
Transylvanie
ROUMANIE
MOLDAVIE
VALACHIE
BULGARIE
SERVIE
BOSNIE
MONTÉNÉGRO
ROUMÉLIE
TURQUIE
MER ADRIATIQUE
MER NOIRE
CONSTANTINOPLE
ROME
MER TYRRHÉNIENNE
MER IONIENNE
GRÈCE
ATHÈNES
ARCHIPEL
SICILE
TUNIS
C. Matapan
Candie
MER MÉDITERRANÉE
NAUDIN sc.

ITALIE PÉNINSULAIRE.

1. VERSANTS. La *chaîne des Apennins* partage la péninsule italienne en *trois versants* : le versant de la Méditerranée à l'O.; de l'Adriatique à l'E.; de la mer Ionienne au S.

2. APENNINS. Les Apennins se divisent en trois parties : 1° les *Apennins du N.*, du col de Cadibone au mont Coronaro ; 2° les *Apennins du centre*, du mont Coronaro à la source de la Pescara. On y trouve le mont *Corno*, point culminant de la chaîne (2,976 ᵐ) ; 3° les *Apennins du S.*, de la Pescara au cap Spartivento. De Potenza part un rameau, qui va finir au cap Santa Maria di Leuca.

3. AUTRES MONTAGNES. On rattache à l'Apennin les montagnes de la Sicile, dites *Neptuniennes*; les volcans du Vésuve, de Stromboli et de l'Etna; les monts de Sardaigne (monte *Genargentu*, 1,900 ᵐ) et de Corse (monte *Rotondo*, 2,764 ᵐ).

4. COURS D'EAU. Le versant occ. est arrosé 1° par l'*Arno*, qui baigne Florence (168,000 h.) et Pise; 2° par le *Tibre*, qui baigne Rome (300,000 h.). cap. du monde chrétien, résidence du Souverain Pontife, cap. actuelle du royaume d'Italie et centre des beaux-arts; 3° par le *Garigliano*, qui baigne Pontecorvo; 4° par le *Volturno*, qui baigne Capoue.

5. Le versant orient. est arrosé 1° par le *Panaro* qui baigne Ferrare, où il se confond avec le Pô di Volano, ancien bras du Pô aujourd'hui séparé du fleuve; 2° par le *Metauro*, la *Pescara* et l'*Ofanto*, cours d'eau célèbres du temps des Romains.

6. PORTS. L'Italie offre à l'O., les ports de *Gênes* (180,000 h.), de *Livourne* (100,000 h.), de Civita-Vecchia, de Gaëte, de *Naples* (500,000 h.); à l'E., les ports de *Venise* (130,000 h.), d'*Ancône*, de *Brindes* et d'Otrante; au S., le port de Tarente; en Sicile, *Palerme* (250,000 h.), *Messine* (127,000 h.) et Syracuse; en Sardaigne, Cagliari.

7. PETITES ILES. A l'Italie se rattachent encore l'*Ile d'Elbe*, c. Porto-Ferrajo; les îles *Lipari* et les îles Egades, près de la Sicile; l'île Pantellaria dans le canal de Sicile, et le *groupe de Malte*, c. La Vallette, possession anglaise. Nous avons déjà vu, à propos de l'Europe, les détroits et caps de l'Italie.

NOTIONS POLITIQUES.

8. GOUVERNEMENT. L'Italie forme aujourd'hui une monarchie constitutionnelle, dont Rome est la capitale. La famille régnante est la *maison de Savoie*.

9. PRÉFECTURES. L'Italie est divisée actuellement en 69 préfectures, au milieu desquelles se trouve enclavée la petite *république de St-Marin*. Ces provinces nouvelles ont remplacé en 1862 les anciennes divisions administratives. Avant 1859, l'Italie formait huit États, sans la rép. de St-Marin.

1. États Sardes.....	*Turin.*	5. Duché de.........	*Modène.*
2. Principauté de....	*Monaco.*	6. Gᵈ duché de Toscane.	*Florence.*
3. Roy. Lomb. Vénit.	*Milan.*	7. États de l'Église...	*Rome.*
4. Duché de........	*Parme.*	8. Roy. des Deux Siciles.	*Naples.*

10. POPULATION. L'Italie compte 29,000,000 d'habitants, répandus sur 296,000 kil. carrés. Les Italiens sont catholiques.

11. CHEMINS DE FER. Rome est reliée *à la France* par le tunnel du mont Cenis, Turin, Bologne et Florence, ou par Gênes et Livourne; *à l'Autriche*, par Inspruck, le col du Brenner, Trente et Vérone, ou par Trieste et Ferrare. *Deux lignes relient les villes du littoral*, Ancône, Brindes et Otrante; Rome, Naples et Reggio.

PÉNINSULE DES BALKANS.

12. LIMITES. La région comprise entre l'Adriatique, la Méditerranée, l'Archipel et la mer Noire, est appelée *péninsule des Balkans*.

13. MONTAGNES. Les *montagnes* de cette presqu'île sont le prolongement des Alpes *Juliennes*, et prennent le nom d'*Alpes Dinariques* ou Illyriennes entre le mont Kleck et le mont Dinara, d'*Alpes de Bosnie* du mont Dinara au mont Tchardagh. La chaîne alors se bifurque; à l'E., courent les *Balkans*, qui comprennent les Balkans de l'O. ou monts de Mésie, les Balkans du centre ou Eminoh Dagh, et les Balkans de l'E.

14. CHAINE HELLÉNIQUE. Au S. court la *chaîne hellénique*, le *Pinde* des anciens; elle étend ses rameaux en Albanie et en Thessalie, franchit en Grèce l'*isthme de Corinthe*, et va aboutir au cap *Matapan*, dans la presqu'île de Morée.
Un canal se creuse en ce moment à travers l'isthme de Corinthe.

15. COURS D'EAU. Les cours d'eau au S.-O. des Balkans sont de peu d'importance. La *Narenta* baigne Mostar; la *Bojana* forme le lac de Scutari; le *Drin* sort du lac d'Okrida; l'*Iri* passe à Sparte, la *Salembria* à Larisse, le *Vardar* à Uscup; la *Maritza* à Philippopoli, à Andrinople et à Demotica.

16. DANUBE. Le *bassin du Danube a pour ceinture au N.*, les A. de Souabe, le Jura Franconien, les monts de Bohême et de Moravie, les monts Sudètes et les Karpathes; *à l'O.*, la Forêt Noire; *au S.*, les A. de Constance, les A. Algaviennes, les A. Grises, Rhétiques, Carniques, Juliennes et Dinariques, les A. de Bosnie et les Balkans.

17. Le Danube baigne Ulm (*Wurtemberg*), Ratisbonne et Passau (*Bavière*); Linz et Vienne (*Autriche*); Presbourg et Bude-Pesth (*Hongrie*); Belgrade (*Servie*); Widdin, Nicopoli, Roustchouk, Silistrie (*Turquie*); Galatz (*Roumanie*), et Kilia (*Russie*). Il se jette dans la mer Noire par trois embouchures.

18. AFFLUENTS DU DANUBE. Le Danube reçoit à gauche : la *March* (ou Morava), qui baigne Olmutz; la *Theiss*, qui arrose Zenta; la *Dembovitza*, qui arrose Bucharest; le *Pruth*, qui laisse à droite Jassy.
Le Danube reçoit à droite le *Lech*, qui baigne Augsbourg; l'*Isar*, qui baigne Munich (*Bavière*); l'*Inn*, qui passe à Inspruck (*Autriche*); la *Leitha*, qui sépare l'Autriche de la Hongrie; la *Drave*, qui passe à Essek; la *Save*, qui sépare l'Autriche de la Serbie; l'*Isker*, qui baigne Sophia.

NOTIONS POLITIQUES.

19. ÉTATS. Cette partie de l'Europe comprend six États : la *Grèce*, la *Turquie*, la *Roumanie*, la *Serbie*, le *Montenegro* et l'*Autriche*.

GRÈCE.

20. GOUVERNEMENT. La *Grèce* forme une monarchie constitutionnelle, dont la cap. est *Athènes* (85,000 h.). La famille régnante est de la maison de *Sleswig-Holstein*.

21. DIVISIONS. La Grèce est divisée en 14 *nomarchies*, groupées en trois régions : l'*Hellade*, au golfe de Lépante; 2° la *Morée* au S., v. p. Corinthe, Nauplie, Sparte, Navarin, Tripolitza, Patras; 3° les *Iles* : à l'O., les îles Ioniennes. c. Corfou; à l'E., Négropont et les Cyclades, c. Hermopolis dans l'île Syra.

22. POPULATION. La Grèce compte 2,000,000 d'habitants, répartis sur 65,000 kil. Ils professent le schisme grec.

TURQUIE D'EUROPE.

23. GOUVERNEMENT. La *Turquie d'Europe* forme un empire, dont le sultan réside à *Constantinople* (874,000 h.); excellent port sur un bras de mer appelé la *Corne d'Or*.

24. DIVISIONS. La Turquie d'Europe comprend 8 provinces, gouvernées par un vali, et une principauté vassale. Les provinces ou vilaïets sont : 1° *Constantinople*; 2° *Andrinople*; 3° *Salonique*; 4° *Janina*; 5° *Scutari*; 6° *Kossovo*; 7° *Candie*; 8° *Roumélie orientale*, c. Philippopoli.
La *Bulgarie*, c. Sophia, a été érigée en principauté vassale, mais autonome, par le traité de Berlin (1878); la *Roumélie orientale*, en une province, administrée par un gouverneur chrétien, nommé pour cinq ans. Elle vient de s'unir à la Bulgarie.

25. POPULATION. La Turquie d'Europe est d'environ 8,600,000 h., répartis sur 265,000 kil.c.; 6,000,000 sont chrétiens, les autres musulmans.

26. NOUVEAUX ÉTATS. Le traité de Berlin a formé trois États nouveaux : 1° la *Roumanie*, c. *Bucharest*, pop. 5,300,000 h.; 2° la *Serbie*, c. *Belgrade*, pop. 1,600,000 h.; 3° Le *Montenegro*, c. *Cettigné* ou Cettinjé, pop. 250,000 h.

AUTRICHE-HONGRIE.

27. GOUVERNEMENT. L'*Autriche* forme un empire constitutionnel, dont la capitale est *Vienne* (1,104,000 h.). La famille régnante est la *maison de Lorraine-Habsbourg*.

28. DIVISIONS. L'Empire est divisé en deux parties : 1° les pays *autrichiens*; 2° les pays *hongrois*. Les principales provinces sont :

1. La Bohème.......	*Prague.*	5. La Hongrie...	*Bude-Pesth.*
2. La Moravie......	*Brunn.*	6. L'Autriche...	*Vienne.*
3. Silésie.........	*Troppau.*	7. Tyrol.......	*Inspruck.*
4. La Gallicie.....	*Lemberg.*	8. L'Istrie......	*Trieste.*

Le traité de Berlin lui a confié *l'occupation de la Bosnie*, c. Serajevo, et de l'*Herzégovine*, c. Trébigné.

29. POPULATION. L'Autriche compte 38,000,000 d'h., répartis sur 685,000 kil. c. Les 5/6 sont catholiques. On y compte 13 archevêchés et 49 évêchés. Le schisme grec y a 13 évêques.
Les nationalités de l'Autriche comprennent des Slaves (1/2), des Allemands (1/4), des Touraniens (1/3), des Latins et des Sémites (juifs).

30. CHEMINS DE FER. *Vienne* est reliée à l'*Italie* par Trente et Trieste; à *St-Pétersbourg* par Varsovie, Grodno et Wilna; à *Berlin* par Prague; à *Paris* par Ulm et Strasbourg, ou par Inspruck et Bâle.

DANEMARK.

1. BORNES. Le *Danemark* est borné *à l'O.*, par la mer du Nord et le Skager-Rack ; *à l'E.*, par le Cattégat et le détroit du Sund, qui le séparent de la Suède ; *au S.*, par l'Allemagne.

2. RÉGIONS. Ce royaume comprend la *presqu'île du Jutland*, *l'archipel danois*, dont les deux îles principales, *Fionie* et *Séeland*, forment le Sund, le grand Belt et le petit Belt ; l'île *Bornholm*, à l'E. ; les îles *Féroë* ; l'*Islande*, c. Reikiavik ; le *Groenland*, c. Julianshaab, et les îles *St-Thomas* (Antilles).

3. GOUVERNEMENT. Ce royaume forme une monarchie constitutionnelle sous la *maison de Holstein*, héréditaire dans la ligne masculine. Le roi possède un droit de veto absolu. La capitale est *Copenhague* (274,000 h.), dans l'île Séeland, sur le Sund.

4. CHAMBRES. Le pays est représenté par deux Chambres, qui forment ensemble le *Rigsdag*. La 1re, appelée *Landsthing*, compte 66 membres, dont 12 sont nommés à vie par le roi ; la 2e, appelée *Folksthing*, en compte 102, élus pour trois ans.

5. POPULATION. Le Danemark est peuplé de 2,100,000 hab., répandus sur 39,567 kil. c. Ils appartiennent à la race scandinave et professent le luthéranisme. Le pays jouit d'un climat assez doux et est favorable à l'élève des bestiaux.

ALLEMAGNE.

6. RÉGION ALLEMANDE. On appelle *région allemande* la partie du versant septentrional de l'Europe, comprise entre le Rhin et la Vistule.

NOTIONS PHYSIQUES.

7. MONTAGNES. Les *montagnes* de cette région se détachent, au *mont Saint-Gothard*, des montagnes de la France et de l'Italie. Les Alpes *Lépontiennes* (ou *centrales*), *Grises*, *Algaviennes* et de *Constance* vont se réunir à la *Forêt Noire* ; puis, tournant les sources du Danube, elles courent à l'E. sous le nom d'*Alpes de Souabe* et de *Jura franconien*, jusqu'au nœud du *Fichtel-Gebirge*.

8. RAMIFICATIONS. De ce point central se détachent au N.-O., les monts de *Franconie* et de *Thuringe*, continués par les monts du *Harz* et du *Weser*, à l'E. ; et à l'O., par le *Vogels Gebirge* et le *Teutoberger Wald*. Les monts de *Minden* vont former avec ceux du Weser le défilé des *Portes Westphaliennes*.

De ce même nœud se détachent au N.-E., les *monts Métalliques*, qui sont continués au delà du défilé de *Schandau* par les *monts des Géants* ; et au S.-E., les *monts de Bohême*, qui continuent la ligne de partage des eaux.

9. FLEUVES. La région allemande est arrosée par six fleuves principaux : le *Rhin*, l'*Ems*, le *Weser*, l'*Elbe*, l'*Oder* et la *Vistule*.

LE RHIN. Le *Rhin* prend sa *source* à l'E. du Saint-Gothard en Suisse, traverse le lac et la ville de Constance, forme ensuite une chute de 20m sur 100m, baigne Bâle en tournant au N., puis Kehl, Spire, Manheim, Worms, Mayence, Coblentz, Cologne, Dusseldorf et Wesel. Il passe alors *en Hollande* et finit à Katwyk.

10. LES *AFFLUENTS DU RHIN* sont, à gauche, l'*Aar*, qui arrose Berne et Soleure en Suisse ; l'*Ill*, qui baigne Mulhouse et Strasbourg en Alsace, et la *Moselle*, qui arrose Metz, Thionville et Trèves ; à droite, le *Necker*, qui passe près de Stuttgard, arrose Heidelberg et finit à Manheim ; et le *Mein*, qui baigne Wurtzbourg et Francfort.

11. LAC DE CONSTANCE. Le *lac de Constance*, plus grand que celui de Genève, a 80 k. de long sur 6 à 7 de large, son niveau est à 398m au-dessus de la mer. Ses rives sont occupées par *cinq États* : Autriche, Bavière, Wurtemberg, Bade et Suisse. Il tombe à l'O. dans le *lac de Zell*.

12. EMS. L'*Ems* passe près de Munster et se jette dans le golfe de Dollart. Le *Weser* est formé de la Werra et de la Fulda, qui passe à Cassel ; il arrose ensuite Minden et Brême, et se jette dans le golfe de l'Iahde.

13. ELBE. L'*Elbe* passe de Bohême en Saxe, où il arrose Dresde ; de là en Prusse, où il baigne Wittemberg et Magdebourg, passe à Hambourg (ville libre), à Altona et à Glückstadt, et se jette dans la mer du Nord.

LES AFFLUENTS DE L'ELBE sont, à gauche, la *Moldau*, qui arrose Prague (Bohême), et la *Saale*, qui arrose la plaine où se sont livrées les batailles d'Iéna, de Rosbach, de Lutzen et de Leipzig ; à droite, le *Havel*, qui baigne Postdam, et qui est grossi de la *Sprée*, rivière de Bautzen et Berlin.

14. ODER. L'*Oder* arrose Breslau, Francfort et Stettin, et se jette dans la Baltique, en face des îles *Wollin* et *Usedom*. L'île *Rugen* est en face de Stralsund, un peu plus au N.-O.

15. VISTULE. La *Vistule* arrose Cracovie en Autriche, Varsovie en Russie, Thorn et Dantzig en Prusse. Plus loin, le *Prégel* passe à Kœnigsberg, et le *Niemen* à Tilsitt.

NOTIONS POLITIQUES.

16. BORNES. L'*Empire d'Allemagne*, formé en 1871, a pour limites *à l'O.*, la France, la Belgique et les Pays-Bas ; *au N.*, la mer du Nord, le Danemark et la Baltique ; *à l'E.*, la Russie ; *au S.*, l'Autriche et la Suisse.

17. ÉTATS. L'Empire est une confédération de 25 États et un pays d'empire. *Berlin* (1,200,000 h.) en est la capitale. Les États sont unis par une association douanière, appelée *Zollverein*, et comprennent :

Quatre royaumes : la *Prusse*, la *Bavière*, la *Saxe* et le *Wurtemberg*.

Six grands-duchés : les deux duchés de *Mecklembourg* et celui d'*Oldenbourg*, au Nord ; ceux de *Bade*, de *Hesse-Darmstadt* et de *Saxe-Weimar*, au Sud.

Cinq duchés : les trois duchés de *Saxe* et ceux de *Brunswick* et d'*Anhalt*.

Sept principautés : deux de *Reuss*, deux de *Schwarzbourg*, deux de *Lippe*, et la pr. de *Waldeck*.

Trois villes libres : *Hambourg*, *Brême* et *Lubeck*.

Un pays d'empire : l'*Alsace-Lorraine*.

18. GOUVERNEMENT. Le gouvernement de l'Empire comprend l'*empereur*, le *conseil fédéral* et le *parlement*.

Le roi de Prusse est de droit l'*empereur d'Allemagne* ; il commande les armées et nomme les représentants de l'empire à l'étranger.

Le *conseil fédéral* (Bundesrath) compte 58 membres, dont 17 appartiennent à la Prusse. Son assentiment est requis dans le cas de déclaration de guerre.

Le *parlement de l'empire* (Reichstag) compte 383 députés, nommés au scrutin secret par le suffrage universel.

L'empire s'appuie sur une puissante organisation militaire, qui comprend 430,000 h. sur pied de paix, et 1,500,000 h. sur pied de guerre.

La marine militaire n'est encore que de 73 cuirassés ; mais la marine marchande surpasse en vapeurs et en tonnage celle de la France.

ALLEMAGNE DU NORD.

19. ÉTATS DU NORD. L'Allemagne du Nord comprend sept États : la *Prusse*, les deux *Mecklembourg*, l'*Oldenbourg* et les trois *villes libres*.

20. PRUSSE. Le *royaume de Prusse* est une monarchie constitutionnelle ; la famille régnante est la branche cadette de la *maison de Hohenzollern*. *Berlin* est la capitale du royaume.

21. DIVISION. La Prusse est divisée en *treize provinces* (*onze* ou *douze* à d'autres points de vue). Ces provinces sont :

1o La *Prusse orientale*. c. Kœnigsberg (141,000 h.).
2o La *Prusse occident*. c. Dantzig (109,000 h.).
3o La *Posnanie* . . . . . . c. Posen (66,000 h.).
4o La *Silésie* . . . . c. Breslau (273,000 h.).
5o La *Poméranie* . . . c. Stettin (92,000 h.).
6o Le *Brandebourg* . . . c. BERLIN (1,200,000 h.).
7o La *Saxe prussienne*. c. Magdebourg (96,000 h.).
8o Le *Slesvig-Holstein*. c. Kiel (44,000 h.).
9o Le *Hanovre* . . . . . . c. Hanovre (123,000 h.).
10o La *Westphalie* . . . . c. Munster (40,000 h.).
11o Les *Prov. Rhénanes*. c. Coblence (31,000 h.).
12o La *Hesse-Nassau*. c. Cassel (58,000 h.).
13o Le *Hohenzollern* . . c. Sigmaringen.

Le *Lauenbourg* a été réuni au Slesvig.

22. GOUVERNEMENT. La Prusse, en tant que *royaume distinct de l'empire*, est gouvernée par le *roi de Prusse* et par deux Chambres : la *Chambre des seigneurs* et la *Chambre des députés* (Landtag).

Elle est protégée à l'O., par les places fortes de *Wesel*, de *Cologne* (145,000 h.) et de *Coblence* ; au N., par les ports de *Willemshafen*, *Kiel* et *Dantzig* ; à l'E., par *Kœnigsberg*, *Thorn*, *Posen* et *Glogau*.

Au S.-O., elle a les villes fortes de l'Empire, *Mayence* (Hesse), *Gemersheim* (Bavière), *Rastadt* (Bade), *Strasbourg* et *Metz* (Alsace-Lorraine).

23. POPULATION. Le royaume compte 27,300,000 hab. répandus sur 348,253 kil. Les 2/3 des habitants sont luthériens, l'autre tiers est catholique.

L'accroissement rapide de la population sur un territoire peu fertile y cause une émigration considérable. L'empire ne produit que 35,000,000 d'hect. de blé, près de 3 fois moins que la France. Cependant l'industrie y est très active.

24. MECKLEMBOURG. Le *Mecklembourg* est situé entre l'Elbe, la mer Baltique et la Poméranie. Il forme deux *grands-duchés*, peuplés de 677,000 h. :

A l'E. : *Mecklembourg-Strelitz*, c. Neustrélitz (9,400 h.).
A l'O. : *Mecklembourg-Schwérin*, c. Schwérin (30,000 h.).

25. OLDENBOURG. Le *grand-duché d'Oldenbourg* est situé à l'O. du Weser, et forme une monarchie constitutionnelle. Il comprend encore à l'O. du Rhin le territoire de Birkenfeld, près de la Hesse-Darmstadt.

Le duché compte 337,000 h., et Oldenbourg, la cap., 24,000.

26. VILLES LIBRES. Les trois villes libres sont *Brême* (112,000 h.) sur le Weser ; *Hambourg* (290,000 h.) sur l'Elbe, et *Lubeck* (51,000 h.).

Hambourg est le grand port de commerce de l'Allemagne et le rival de Londres. Il a dû, malgré sa longue résistance, entrer dans le Zollverein.

QUESTIONNAIRE. 1. *Donnez les bornes du Danemark ;* 2. *... ses régions ;* 3. *... son gouvernement ;* 4. *... ses Chambres ;* 5. *... sa population.* 6. *Qu'appelle-t-on région allemande ?* 7. *Décrivez les montagnes ;* 8. *... leurs ramifications ;* 9. *... les fleuves ; ... le cours du Rhin ;* 10. *... ses affluents.*

11. *Quel lac forme-t-il ?* 12. *Décrivez l'Ems et le Weser ;* 13. *... l'Elbe et ses affluents ;* 14. *... l'Oder ;* 15. *... la Vistule.* 16. *Indiquez les limites de l'Empire d'Allemagne ;* 17. *... ses États ;* 18. *... son gouvernement.* 19. *Combien d'États au nord ?*

20. *Qu'est-ce que la Prusse ?* 21. *Comment se divise-t-elle ?* 22. *Quelques mots sur le gouvernement ;* 23. *... sur la population ;* 24. *... sur le Mecklembourg ;* 25. *sur l'Oldenbourg ;* 26. *... sur les trois villes libres.*

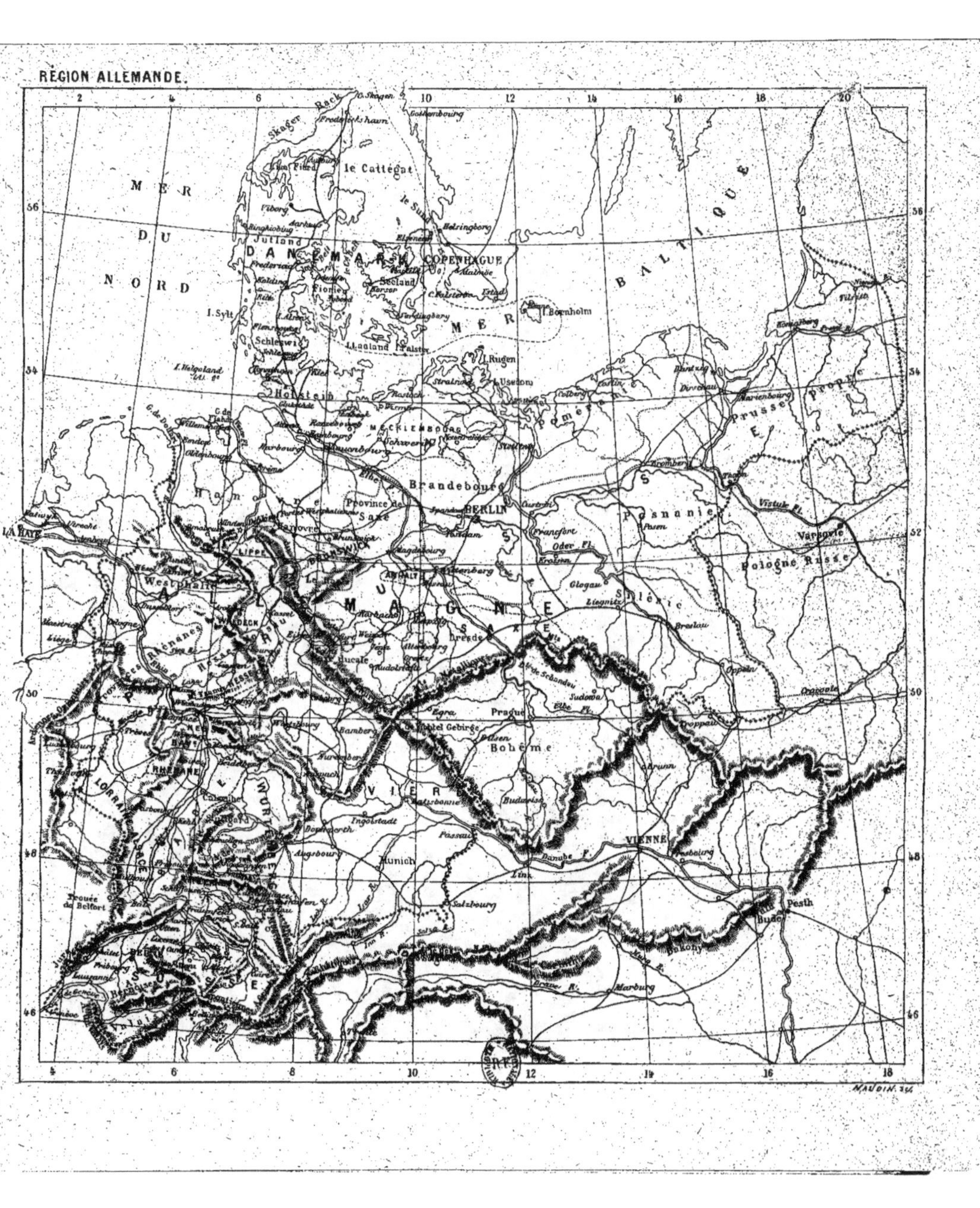
MER DU NORD
MER BALTIQUE
DANEMARCK
COPENHAGUE
Jutland
Holstein
Schleswig
MER
I. Rügen
MECKLEMBOURG
Poméranie
PRUSSE
BRANDEBOURG
BERLIN
Province de Saxe
Posnanie
Pologne Russe
Silésie
Breslau
ALLEMAGNE
SAXE
Dresde
Bohême
Prague
VIENNE
Danube Fl.
Munich
Salzbourg
Pesth
Bude
LA HAYE
Westphalie
Hanovre
BRUNSWICK
ANHALT
LORRAINE
WURTEMBERG
Trouée de Belfort
Lausanne
Varsovie
Oder Fl.
Francfort
Vistule Fl.
Königsberg
Danzig
Marienbourg
Presbourg
Linz
Passau
Ingolstadt
Augsbourg
Ratisbonne
MAUDIN

Brandebourg
Prusse rhen.
Bohême
Tyrol
Padreborn

ALLEMAGNE DU SUD.

1. ÉTATS DU SUD. L'*Empire d'Allemagne* comprend, dans sa région méridionale, dix-neuf États :
Trois royaumes : la Saxe, la Bavière et le Wurtemberg.
Un pays d'Empire : l'Alsace-Lorraine.
Trois grands-duchés : ceux de Bade, de Hesse et de Saxe-Weimar.
Cinq duchés : trois de Saxe et ceux de Brunswick et d'Anhalt.
Sept principautés : deux de Reuss, deux de Schwarzbourg, deux de Lippe et une de Waldeck.

2. SAXE. La *Saxe royale*, cap. Dresde, est un pays industriel et agricole, arrosé par l'Elbe et ses affluents, entre la Prusse et l'Autriche.

Elle est divisée en quatre cercles : Dresde, Leipzig, Zwickau et Bautzen; Sa popul. est de 3 millions d'hab.; son étendue, de 14,967 k. c.; la famille royale est catholique.

Dresde (222,000 h.) est bâtie sur l'Elbe (bat. de 1813).

Autres villes : *Leipzig* (155,000 h.), sur la Pleisse, bat. de 1813; *Chemnitz* (95,000 h.); *Zwickau*, ville industrielle; *Bautzen*, à l'E. de Dresde, dans la Lusace (bat. de 1813).

3. BAVIÈRE. La *Bavière*, c. Munich, est un pays agricole, traversé au N. par des chaînes de montagnes, mais généralement plat et boisé. Elle possède, sur le Rhin, la Bavière rhénane.

Ce royaume est borné à l'O. par le Wurtemberg; au N.-E. par la Prusse et la Saxe ducale; à l'E. et au Sud par l'Autriche. Il est arrosé par le Danube et ses affluents : le Lech, l'Isar et l'Inn au S., l'Altmühl et le Naab au N. Il touche le Rhin au lac de Constance.

Il est divisé en huit cercles : Haute et Basse Bavière (Munich et Landshut); la Souabe (Augsbourg); le Ht Palatinat (Ratisbonne); la Franconie (Hte, Bayreuth; Mne, Nuremberg; Bse, Wurzbourg); la Bavière rhénane (Spire).

La Bavière compte 5,300,000 habitants dont les 3/4 sont catholiques. Sa superficie est de 75,800 k. c.

Munich (230,000 h.) est bâtie sur la rive gauche de l'Isar.

Autres villes : *Augsbourg*, sur le Lech; *Ratisbonne*; *Passau*, sur le Danube; *Inspruck*, sur l'Inn; *Salzbourg*, sur la Salza.

4. WURTEMBERG. Le roy. de *Wurtemberg*, c. Stuttgard, est un pays montueux, arrosé par le Necker et le Danube; il touche au Rhin, au lac de Constance.

Il est borné à l'O. par le gr.-d. de Bade, au N.-E. par la Bavière et au S. par la Suisse. Sa superficie est de 19,108 k. c.

Il est divisé en quatre cercles : le Necker, c. *Stuttgard*; la Forêt-Noire, c. *Reutlingen*; le Danube, c. *Ulm*; et l'Yxt, c. *Ellwangen*; popul. : 1,820,000 h. (1/3 cath.).

Stuttgard (120,000 h.) est une belle ville située à l'O. du Necker, dans un bassin couvert de bois et de vignes.

Autres villes : *Tübingen*, célèbre université; *Ulm*, place forte sur le Danube.

5. ALSACE-LORRAINE. L'*Alsace-Lorraine*, cap. Strasbourg, forme un pays d'Empire. Elle a été cédée en 1871, par le traité de Francfort.

L'Alsace-Lorraine compte 1,567,000 h., et 14,508 k. c. Elle est administrée, depuis 1879, par un représentant de l'empereur (Statthalter) et est divisée en trois districts :

Hte Alsace, c. Colmar; v. pr. *Mulhouse* (63,000 h.), sur l'Ill;
Bse Alsace, c. Strasbourg (105,000 h.), sur l'Ill;
Lorraine, c. Metz (53,000 h.), ville forte sur la Moselle.

6. BADE. Le *grand-duché de Bade*, c. Carlsruhe, s'étend du Rhin à la Forêt-Noire, entre l'Alsace, la Hesse, le Wurtemberg et la Suisse.

Carlsruhe (49,000 h.) est une belle ville dont les rues en éventail convergent toutes vers le château ducal.

Le grand-duché compte 1,570,000 h., dont les 2/3 sont catholiques, et 15,081 k. c. Il est divisé en quatre districts :

1. Le Lac, c. *Constance* (13,000 h.); Concile de 1414-1418.
2. Le Haut-Rhin, c. *Fribourg* (37,000 h.), sur la Treisam; vict. de Condé, 1644; v. pr. Vieux-Brisach.
3. Le Rhin-Moyen, c. *Carlsruhe*; v. pr. Kehl; Baden, eaux minérales; Rastadt, traité de 1714, ville forte.
4. Le Bas-Rhin, c. *Manheim* (54,000 h.), au confluent du Necker; v. pr. Philipsbourg, autrefois à la France; Heidelberg (25,000 h.), anc. cap. du Palatinat; Sinsheim, vict. de Turenne.

7. HESSE. Le *grand-duché de Hesse*, cap. Darmstadt, est formé de deux parties séparées par la Hesse prussienne; c'est un pays riche en vignobles.

Le grand-duché compte 94,000 h. et 7,681 k. c. Il est divisé en trois provinces :

1. Hesse-Rhénane, c. *Mayence* (61,000 h.), place forte sur le Rhin, en face du Mein; v. pr. Worms.
2. Starkenbourg, c. *Darmstadt* (40,000 h.); cap. du duché, à l'est du Rhin, patrie de Liébig; v. pr. Tribur, plus à l'ouest, où Charles IV le Gros fut déposé en 887.
3. Hesse-Supérieure, c. *Giessen*, École polytechnique, patrie du P. Kircher.

8. SAXE-WEIMAR. Le *grand-duché de Saxe-Weimar-Eisenach*, c. Weimar, est situé entre la Saale et les monts de Thuringe.

Weimar, sur l'Ilm, affluent de la Saale, possède un beau château et un institut géographique.

Le grand-duché compte 310,000 h. et 3,592 k. c.

Le territoire est divisé en trois parties : la 1re, où se trouve Weimar, v. pr. *Iéna* (bat. 1806); la 2e, plus à l'est, sur l'Elster; et la 3e, à l'ouest, sur la Werra; v. pr. *Eisenach*.

Les trois autres grands-duchés (les deux Mecklembourg et l'Oldenbourg) sont dans le nord de l'Allemagne.

9. LES TROIS DUCHÉS DE SAXE. Les trois duchés de Saxe sont placés à l'ouest et à l'est du grand-duché de Saxe-Weimar : à l'O., le d. de Saxe-Cobourg-Gotha et le d. de Saxe-Meiningen, dans le bassin du Mein et de la Werra; à l'E., le d. de Saxe-Altenbourg, dans la Saxe Royale.

1. Saxe-Cobourg-Gotha, c. *Cobourg* (15,000 h.), sur l'Itz, affl. du Mein; v. pr. *Gotha* (23,000 h.), plus au nord, près de la Werra, ville savante, remarquable par ses publications géographiques et l'almanach diplomatique dit de Gotha, qui se publie depuis 1702.
2. Saxe-Meiningen, c. *Meiningen* (10,000 h.), sur la Werra; v. pr. Hildburghausen, anc. capitale; Sonneberg.
3. Saxe-Altenbourg, c. *Altenbourg* (22,000 h.), sur la Pleisse.

10. LES DEUX AUTRES DUCHÉS de l'empire sont le d. de Brunswick et le d. d'Anhalt.

Le *duché de Brunswick*, c. Brunswick, est formé de plusieurs territoires enclavés dans le Hanovre et accidentés par les monts du Harz; il s'étend de l'Oker au Weser.

Brunswick (74,000 h.), sur l'Oker, ville industrielle, château somptueux, rebâti en 1865.

Le *duché d'Anhalt*, c. Dessau, est formé de trois anciens duchés, aujourd'hui réunis, et situés sur l'Elbe et ses affluents, dans la Saxe prussienne.

Dessau (21,000 h.), sur la Mulde, château ducal; v. pr. Zerbst et Kœthen.

11. PRINCIPAUTÉS. L'empire comprend sept principautés : deux de Reuss, deux de Schwarzbourg, deux de Lippe, et la pr. de Waldeck.

1. *Reuss-Greitz*, branche aînée, c. Greitz (15,000 h.), sur l'Elster; filatures.
2. *Reuss-Géra*, branche cadette, c. Géra (27,000 h.), sur l'Elster, ville industrielle.
3. *Schwarzbourg-Rudolstadt*, c. Rudolstadt (9,000 h.), château de Schwarzbourg aux environs.
4. *Schwarzbourg-Sondershausen*, c. Sondershausen (6,000 h.).
5. *Lippe-Detmold*, c. Detmold (8,000 h.), sur la Werre.
6. *Schaumbourg-Lippe*, c. Buckebourg (5,000 h.), sur l'Aue.
7. *Waldeck*, c. Arolsen (2,500 h.), sur le Diemel; v. pr. Corbach (bat. 1760).

SUISSE.

12. BORNES. La Suisse est bornée à l'O. par la France; au N., par l'Allemagne; à l'E., par l'Autriche; au S., par l'Italie. Le pays est neutre.

Elle compte 2,846,000 h. et 41,390 k. c.

13. ASPECT PHYSIQUE. La Suisse est un pays de montagnes, de glaciers, de lacs et de vallées pittoresques.

Les montagnes sont à l'O. le *Jura*; au S. la double chaîne des *Alpes Bernoises* et des *Alpes Pennines*; réunies au massif du *St-Gothard*; elles se continuent au S.-E. par les *Alpes Léponitennes* ou centrales, et à l'E, par les *Alpes Grises* ou des Grisons.

14. RIVIÈRES. La Suisse est arrosée par les cours supérieurs du *Rhin*, de l'*Inn* (Danube), du *Tessin* (Pô) et du *Rhône*.

Elle envoie donc des eaux à la mer du Nord, la mer Noire, la mer Adriatique et la mer Méditerranée.

L'*Aar*, affl. de gauche du Rhin, forme la vallée principale de la Suisse; il arrose Berne, Soleure, Olten et Aarau; il reçoit la *Reuss*, qui baigne Altorf et Lucerne; la *Limmat*, qui baigne Wallenstadt, Uznach et Zurich.

15. LACS. La Suisse offre, au fond de ses belles vallées, cinq lacs principaux :

1° Le lac de *Constance* (Bodensee), formé par le Rhin; il est élevé de 398 m., long de 80 kil. et large de 6.

2° Le lac de *Genève*, formé par le Rhône; il est élevé de 375 m. et profond de 307, long de 65 kil. et large de 11; il baigne, en Suisse, Genève, Lausanne et Vevey.

3° Le lac de *Neufchâtel*, formé par l'Orbe, qui en sort sous le nom de Thiel et traverse le lac de Bienne pour se jeter dans l'Aar. Il est élevé de 435 m., long de 39 k. et large de 8.

4° Le lac des *Quatre-Cantons*, formé par la Reuss; il baigne les cantons de Lucerne, d'Unterwald, d'Uri et de Schwitz.

5° Le lac de *Zurich*, formé par la Linth, qui prend ensuite le nom de Limmat. Ce lac étroit est traversé par un pont.

16. DIVISION POLITIQUE. La Suisse est une confédération de 22 cantons, dont trois sont subdivisés en deux : ceux d'Appenzell, de Bâle et d'Unterwald. *Berne* (44,000 h.) en est la capitale.

Chaque canton est souverain et indépendant pour ses affaires intérieures; pour les affaires générales à la Suisse, il forme avec les autres une république démocratique et est soumis au gouvernement fédéral.

17. GOUVERNEMENT. Le gouvernement fédéral comprend le Conseil fédéral, le Conseil national et le Conseil des États, qui siègent à Berne.

Le *Conseil fédéral* (Vorort), composé de 7 membres, exerce le pouvoir exécutif; il est élu pour trois ans par le pouvoir législatif; son Président annuel est en même temps le Président de toute la confédération.

Le pouvoir législatif est confié à deux conseils, le *Conseil national* et le *Conseil des États*. Le Conseil national est composé de 128 membres, élus pour trois ans par le suffrage universel. Le Conseil des États est formé de 44 membres, envoyés par le gouvernement de chaque canton, deux par canton.

18. CANTONS. Les 22 cantons suisses sont :

Trois sur le Rhône :
1. *Genève*, c. Genève.
2. *Vaud*, c. Lausanne.
3. *Valais*, c. Sion.
Un sur le Tessin :
4. *Tessin*, c. Bellinzona.
Huit sur le Rhin.
5. *Grisons*, c. Coire.
6. *St-Gall*, c. St-Gall.
7. *Appenzell*, c. Appenzell.
8. *Turgovie*, c. Frauenfeld.
9. *Schaffouse*, c. Schaffouse.
10. *Zurich*, c. Zurich.
11. *Argovie*, c. Aarau.
12. *Bâle*, c. Bâle.
Dix sur l'Aar et ses aff. :
13. *Soleure*, c. Soleure.
14. *Berne*, c. Berne.
15. *Fribourg*, c. Fribourg.
16. *Neufchâtel*, c. Neufchâtel.
17. *Uri*, c. Altorf.
18. *Unterwald*, c. Stanz.
19. *Lucerne*, c. Lucerne.
20. *Zug*, c. Zug.
21. *Schwitz*, c. Schwitz.
22. *Glaris*, c. Glaris.

19. INDUSTRIE. La Suisse nourrit un million de bêtes à cornes, produit du vin, des fromages (Gruyère) et fabrique des montres.

Elle ne cultive que les 14/100 de son sol; l'industrie des montres est concentrée à Genève et à Neufchâtel; les cantons de Zurich et de Thurgovie possèdent des filatures de coton.

QUESTIONNAIRE. 1. Quels sont les États secondaires de l'Allemagne du sud? 2. Quel est le 1er royaume? … sa capitale? … sa division? … sa population? … ses villes principales? 3. … le 2e royaume, … capitale, … division, … population, … villes princ.? 4. … le 3e royaume, … capit., … divis., … popul., … villes princ.? 5. Quel est le pays d'Empire, cap., div., pop., villes pr.? 6. Quel est le 1er grand-duché, cap., div., pop., villes pr.?

7. Quel est le 2e gr.-duché, cap., div., pop., villes pr.? 8. Quel est le 3e, cap., div., pop., villes pr.? 9. Quels sont les trois duchés de Saxe? … leur capitale? … leur population? 10. … les deux autres duchés, … capitale, … population? 11. Indiquer les sept principautés avec leurs capitales.

12. Quelles sont les bornes de la Suisse? 13. …, son aspect physique? 14. … ses rivières? 15. … ses lacs? 16. … sa division? 17. … son gouvernement? 18. Nommez les cantons avec leurs capitales. 19. Que produit surtout la Suisse?

SUÈDE ET RUSSIE.

1. SITUATION. La Suède et la Russie occupent la région nord-est de l'Europe.

Au delà du cercle polaire, elles ont des jours où le soleil ne se lève pas en hiver et ne se couche pas en été.

SUÈDE.

2. BORNES. Le *royaume de Suède et Norvège*, compris dans la presqu'île scandinave, est borné à l'O. par le Cattégat, le Skager-Rack et l'Oc. Atlantique; au N. par l'Oc. Glacial Arctique; à l'E. par la Laponie russe, le golfe de Bothnie et la mer Baltique.

NOTIONS PHYSIQUES.

3. ILES. Sur les *côtes norvégiennes*, on trouve les îles Drontheim, les îles Loffoden et les îles Tromsen; *dans la mer Baltique*, les îles Gottland et OEland dépendent de la Suède.

4. CAPS. La presqu'île forme au S.-O. le *cap Lindesness* ou les Tilleuls; l'île Mageroe forme le *cap Nord*, au-dessus du 71e degré de latitude.

5. GOLFES. Les côtes offrent le *golfe de Christiania* au S.; le golfe de Drontheim à l'O.; le golfe de Waranger au N.; le *golfe de Bothnie à l'E.* Toute la côte est découpée de nombreux golfes, très étroits, appelés *fiords.*

6. MONTAGNES. La Scandinavie est traversée par les *monts Dofrines*, ou Alpes scandinaves, qui, à la hauteur de plus de 2,000 ᵐ, offrent des *plateaux* déserts, froids et dangereux. Le *versant occidental* est abrupte, tandis que le *versant oriental* est une pente douce. En quelques endroits, les eaux s'échappent de réservoirs communs *sur les deux versants* opposés.

7. COURS D'EAU. Les rivières de cette presqu'île sont peu importantes. Au N. de la *Norvège*, la *Tana* se jette dans l'Oc. Glacial, en séparant la Laponie norvégienne de la Laponie russe. Au S., le *Glommen*, la plus grande rivière de la Norvège, finit à Frederickstadt, place forte et bon port.

8. En *Suède*, la *Gotha* sort du lac Wener et finit à Gothembourg, sur le Cattégat. Le *canal de Gothie* unit le lac Wener au lac Wetter, qui se décharge par la *Motala*, riv. canalisée. Le lac Mælar baigne Stockholm, agréablement située au milieu des eaux, sur des îles et des presqu'îles. Le golfe de Bothnie reçoit beaucoup de cours d'eau, le *Dal*, l'*Angermann*, etc.; la *Tornéa* et le *Muonio* séparent la Suède de la Russie.

NOTIONS POLITIQUES.

9. GOUVERNEMENT. La *Suède et la Norvège* forment une monarchie constitutionnelle, sous la famille de Bernadotte, dite maison de *Ponte-Corvo*. Elles gardent cependant, sous le même prince, une administration distincte. Le roi jouit d'un *veto absolu* en Suède, vis-à-vis des Chambres, tandis qu'en Norvège, il n'a qu'un *veto suspensif.*

10. VILLES. Les *capitales* sont : en Suède, *Stockholm* (185,000 hab.); en Norvège, *Christiania* (122,000 h.). Les autres villes principales sont *Upsal*, célèbre université; *Gothembourg*, ville commerçante, en Suède; *Bergen*, Drontheim et Hammerfest, ports de commerce, en Norvège. Ce dernier port, malgré sa latitude élevée, ne gèle jamais.

11. POPULATION. Le royaume compte 6,400,000 habitants, répandus sur 758,500 kilom. carrés. De ce nombre, 4,600,000 appartiennent à la Suède; 1,800,000 à la Norvège. Le culte luthérien y est seul reconnu.

RUSSIE D'EUROPE.

12. BORNES. La *Russie d'Europe* est bornée *au N.* par l'Oc. Glacial; *à l'O.* par la Norvège et la Suède, par la mer Baltique et la Prusse, par l'Autriche et la Roumanie; *au S.* par la mer Noire, le Caucase et la mer Caspienne; *à l'E.* par le fl. Oural, les monts Ourals et la Kara.

NOTIONS PHYSIQUES.

13. ILES. On peut rapporter à la Russie, au N., la *Nouvelle-Zemble*, l'île Waïgatz et l'île Kalgouef; dans la mer Baltique, les îles d'*Aland*, *Dago* et *OEsel*. En 1855, la France s'est emparée de *Bomarsund*, ville forte des îles d'Aland.

14. GOLFES. La Russie offre les golfes de *Bothnie* et de *Finlande*, dans la mer Baltique, et le golfe d'*Odessa*, dans la mer Noire; la mer *Blanche* et la mer d'*Azov* sont elles-mêmes de vastes golfes formés, l'un par l'Océan Glacial, l'autre par la mer Noire.

15. PRESQU'ILES. Les *presqu'îles* de Russie sont : au N., les presqu'îles *Kola* et *Kanin*, à l'entrée de la mer Blanche; au S., la presqu'île de *Crimée*, qui est séparée du continent par l'isthme du Pérékop et le détroit d'Ienikalé.

16. PORTS. Les *ports principaux* de la Russie sont : Arkhangel, *Saint-Pétersbourg*, Revel, Riga, Odessa, Sébastopol et Astrakan. *Sébastopol*, en Crimée, fut prise en 1855 par les armées alliées de la France et de l'Angleterre. En 1878, la Russie s'est fait céder par la Turquie le port de *Batoum*, à l'est de la mer Noire.

17. VERSANTS. L'intérieur de la Russie est partagé en *quatre versants* : 1° le *versant de l'Oc. Glacial*, formé par les monts Ourals, les monts Uvaldi et les monts Olonetz; 2° le *versant de la Baltique*, par les monts Olonétz, le plateau de Waldaï et les collines de Pologne; 3° le *versant de la mer Noire*, par les mêmes collines, les monts Iépifanof, les collines du Volga et le Caucase occidental; 4° le *versant de la mer Caspienne*, par le Caucase oriental, les collines du Volga, les monts Uvaldi et les monts Ourals.

18. MONTAGNES. L'*Oural*, généralement peu élevé, atteint dans quelques pics 2,600ᵐ. Le *Caucase* offre le mont Elbrouz, le point le plus élevé de l'Europe (5,600ᵐ), et le mont Kazbek (plus de 5,000ᵐ), au pied duquel se trouve le défilé de Dariel ou des *Portes Caucasiennes*, à 2,500ᵐ d'altitude. Les autres montagnes sont peu importantes.

19. FLEUVES. La Russie est une *plaine immense* arrosée au N. par la *Petchora*, le *Mezen*, la *Dwina*, qui baigne Arkhangel et l'Onéga; à l'O. par la *Néva*, qui porte au g. de Finlande les eaux des lacs Onéga et Ladoga, et finit à Saint-Pétersbourg (930,000 h.), en face de Cronstadt; par la *Duna*, qui baigne Witepsk et Riga; par le *Niemen*, qui baigne Grodno et Kowno en Russie, et Tilsitt en Prusse; par la *Vistule*, qui baigne, en Russie, Sandomir et Varsovie (406,000 h.), ancienne capitale de la Pologne.

20. Au sud, le *Pruth*, affluent du Danube, sépare la Russie de la Roumanie; le *Dniester* passe à Bender; le *Dnieper* à Smolensk, Mohilew, Kiew, Ekaterinoslaw et Kherson. Il reçoit à droite la *Béréxina*, célèbre par la retraite de Napoléon; le Pripet et le Boug, qui baigne Nikolaïevsk, chantier maritime de la Russie. Le *Don* finit à Azov, en face de Taganrog.

21. A l'est, le *Volga* descend du plateau de Vaïdaï, baigne Tver, Iaroslav, Nijni-Novgorod, Kazan, Saratof et Astrakan. Il reçoit à droite l'Oka, grossie par la *Moscowa*, qui passe à Moscou (760,000 h.). C'était l'ancienne capitale de la Russie. Elle fut prise par Napoléon en 1812, incendiée alors et rebâtie depuis. L'*Oural* baigne Orenbourg, Ouralsk et Gouriev, et sépare l'Europe de l'Asie.

Le *Volga* a un cours de 3,800 kil.; il est très poissonneux; mais il reste cinq mois gelé.

22. LACS. Les *lacs* de la Russie sont les lacs *Onéga*, Ladoga et Saïma, au N. de Saint-Pétersbourg; les lacs Ilmen et *Peypous*, au S.

NOTIONS POLITIQUES.

23. GOUVERNEMENT. La Russie d'Europe forme un empire absolu, dont la famille régnante appartient à la maison de *Holstein-Gottorp*. L'empereur porte le titre de *Tzar*, et réside à *Saint-Pétersbourg*, sur la Neva.

24. DIVISIONS. L'empire est divisé en 71 gouvernements, dont 53 pour la Russie proprement dite, 10 pour l'ancienne Pologne et 8 pour la Finlande.

25. POPULATION. La Russie compte 88,000,000 d'h., répartis sur 5,870,000 k. c. Les habitants appartiennent surtout à la *race slave* et à la *religion grecque*; cependant le catholicisme domine en Pologne. Les classes inférieures sont peu civilisées.

26. PRODUCTIONS. La Russie a un climat très rude *dans le nord*, où croissent des forêts de sapins. Les céréales, le lin et le chanvre abondent *au centre et au sud*. Au S.-E., le sol est stérile et couvert de *steppes*, c'est-à-dire de déserts incultes. On exploite des mines d'or et de fer, *dans les monts Ourals.*

27. CAUCASE. La Russie d'Europe, qui comprend déjà plus de la moitié de l'Europe, rattache encore à ses provinces le Caucase, c'est-à-dire le pays au delà du Caucase, à Tiflis.

28. CHEMINS DE FER. Saint-Pétersbourg communique *avec Berlin* par Wilna et Kowno; *avec Vienne* par Varsovie et Cracovie; *avec Odessa, Sébastopol* et *Taganrog* par Moscou et Kharkow (400,000 h.).

29. RACES. Les *Russes* sont des slaves, excepté les Finnois et les Lapons du Nord, et les Kalmouks du Sud, peuples touraniens ou mongols.

Les *peuples de l'Europe* sont presque tous de race japhétique et indo-européenne; ils y forment les familles latines, celtiques, grecques, slaves et germaniques.

On trouve à l'E. des peuples Mongols, les Turcs, Hongrois, Finlandais et Lapons, et un peu partout des Juifs d'origine sémitique.

Relativement aux cultes, la moitié sont catholiques, un quart protestants, un peu moins grecs, 10 à 12 millions juifs ou musulmans.

QUESTIONNAIRE. 1. *Donnez la situation de la Suède et de la Russie;* 2. ... *les bornes de la Suède;* 3. ... *les îles;* 4. ... *les caps;* 5. ... *les golfes;* 6. ... *les montagnes;* 7. ... *les rivières de la Norvège;* 8. ... *celles de la Suède;* 9. ... *le gouvernement;* 10. ... *les villes principales;* 11. ... *la population.*
12. *Indiquez les bornes de la Russie;* 13. ... *les îles;* 14. ... *les golfes;* 15. ... *les presqu'îles;* 16. ... *les ports;* 17. ... *les versants;* 18. ... *les montagnes;* 19. ... *les fleuves au N. et à l'O.;* 20. ... *les fleuves au Sud;* 21. ... *à l'E.*
22. *Quelques mots sur les lacs de la Russie;* 23. ... *sur le gouvernement;* 24. ... *les provinces;* 25. ... *la population;* 26. ... *les productions;* 27. ... *le Caucase;* 28. ... *les chemins de fer;* 29. ... *les races et les religions de l'Europe.*

OCÉAN GLACIAL ARCTIQUE
MER DE KARA
Nle Zemble
Dét. de Kara
I. Waïgats
C. Nord
I. Magerõe
Is Tromsen
L. Balgouef
C. de Voronoe
C. Kanin
Pte Kanin
Arctique
Is Loffoden
L. Ponie
Cercle
Palairs
Mer Blanche
Is Drontheim
Arkhangel
SUEDE
Gfe de Bothnie
FINLANDE
L. Saïma
Mts de l'Oural
Mézen
Dwina R.
EMPIRE
O. Onéga
CHRISTIANIA
Is d'Aland
Onéga
Pinega
STOCKHOLM
Helsingfors
ST PÉTERSBOURG
Bogda
Perm
Skager-Rack
G. de Finlande
Esthonie
Novgorod
Rybinsk
Kostroma
DE
Cattégat
L. Peipus
L. Onéga
Bovorousskaia
Jaroslaw
Gottma
Livonie
Pskow
Plateau
Kazan
Libau
Mittau
Riga
de
Tver
Nijni Novgorod
Valdaï
MER BALTIQUE
Courlande
Ilga
Moscou
Borodino
Koenigsberg
Kaluga
Smolensk
Epifanow
Orenbourg
BERLIN
Bromberg
Grodno
Minsk
Mohilew
Sizrara
Plock
Tambow
Ouralsk
Dresde
Varsovie
Prague
RUSSIE
Steppes
Sandomir
Koursk
Voronèje
Tsaritzyn
Kiow
Kharkow
VIENNE
Poltava
Dônetz R.
Sunalow
AUTRICHE-HONGRIE
Balta
Ekaterinoslaw
Novo-Tcherkask
Astrakan
Iassy
Nikolaïewsk
Taganrog
Steppes
Gouri
Benda
Kherson
Azov
MER
Odessa
Isthme
Mer d'Azov
de Pérékop
CASPIENNE
Danube
Koumantch
Crimée
Kertch
Bucharest
Eupatorie
Simféropol
Elbrouz
Mozdok
Rustchouk
Alma
Vladikavkaz
Sébastopol
MER NOIRE
Dariel
Balkan
Koutaïs
Tiflis
Varna
Batoum
NADIN sc

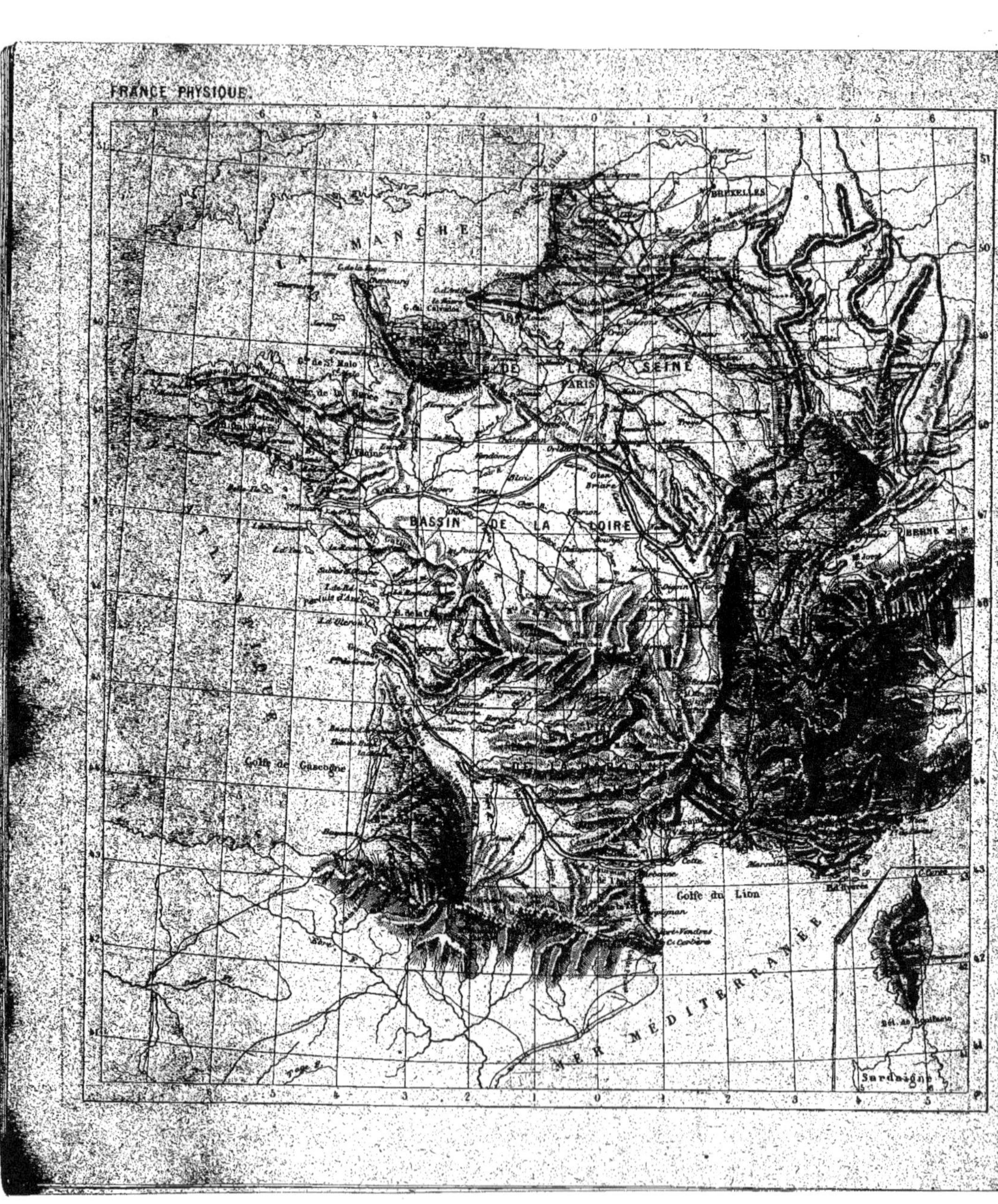
LA MANCHE
C. de la Hogue
Cherbourg
C. du Calvados
C. de St Malo
BRUXELLES
BASSIN DE LA SEINE
PARIS
BASSIN DE LA LOIRE
BERNE
Golfe de Gascogne
Golfe du Lion
C. Cerbère
MER MÉDITERRANÉE
Corse
Sardaigne

SOL DE LA FRANCE.

1. SITUATION ET FRONTIÈRES. La France est comprise entre le 42e et le 51e degré de lat. boréale, le 7e de longitude occidentale, et le 8e de longitude orientale.

Elle a la *forme générale d'un hexagone*, figure qui a six côtés. Trois de ces côtés forment les *frontières maritimes :* elles sont au N.-O., à l'O. et au S.-E.; les trois autres sont les *frontières de terre :* elles sont au N.-E., à l'E. et au S.-O.

2. VERSANTS. L'intérieur de la France est *divisé en deux versants par la ligne de partage des eaux.* Cette ligne décrit une grande courbe, qui a la forme d'un S, et se dirige du S.-O. au N.-E.; elle comprend les Pyrénées, les Corbières, les Cévennes, la Côte-d'Or, le plateau de Langres, les monts Faucilles, les Vosges, le Jura et les Alpes.

3. PYRÉNÉES. Les *Pyrénées françaises* courent de la Bidassoa au cap Cerbera, avec une hauteur moyenne de 2,400ᵐ ; on les divise en *occidentales, centrales et orientales.*

Les *Pyrénées occidentales* offrent le col de Roncevaux et finissent au mont Cylindre ; les *Pyrénées centrales* s'écartent de la frontière française en formant le *val d'Arran*, où la Garonne prend sa source. C'est là que se trouve le Maladetta (*mont Maudit*), (3,404ᵐ), le point culminant de la chaîne. Les *Pyrénées orientales*, ou monts Albères, offrent les cols importants de la Perche et de Perthus, et un tunnel où passe le chemin de fer.

4. CORBIÈRES. Du pic de Corlitte, qui sépare les Pyrénées cent. des Pyrénées orient., se détachent les *Corbières occidentales*, qui courent au N. jusqu'au col de Naurouze. Leur hauteur moyenne est de 400ᵐ, mais elles atteignent 2,349ᵐ.

5. CÉVENNES. Du col de Naurouze au canal du centre, s'étendent les *Cévennes*, divisées en *méridionales* et *septentrionales* par le mont Lozère. Les 1ʳᵉˢ ont en moyenne 1,100ᵐ de haut ; les 2ᵉˢ, 800ᵐ. C'est dans les Cévennes sept. que se trouvent le *Gerbier des Joncs* (1,562ᵐ), source de la Loire, et le *Mézenc* (1,754ᵐ), le point culminant de la chaîne.

6. CÔTE-D'OR, etc. La *Côte-d'Or*, le *plateau de Langres*, les monts *Faucilles* n'ont, en moyenne, que 4 à 500ᵐ ; ceux-ci rejoignent les *Vosges* au ballon d'Alsace (1,260ᵐ). Les Vosges *françaises* s'étendent du mont Donon au col de Valdieu ; les Vosges *méridionales* seules appartiennent à la ligne de partage des eaux.

7. JURA. Le *Jura* s'étend du col de Valdieu au mont Jorat. Il comprend le Jura *septentrional* jusqu'à la source du Doubs ; le Jura *central*, qui envoie en France le Jura *occidental* et *méridional*, et le *Noirmont* en Suisse. Le Jura méridional offre un des points culminants de la chaîne, le *Reculet* (1,720ᵐ). La hauteur moyenne est de 1,000ᵐ.

8. ALPES. De faibles coteaux, qui comprennent le mont *Jorat*, unissent le Jura aux *Alpes Bernoises*, où s'arrête pour la région française la ligne de partage des eaux : le point culminant des Alpes Bernoises est au *Finster-Aarhorn* (4,280ᵐ); elles sont couronnées de glaciers, et se terminent au *St-Gothard*, qui est le nœud central des montagnes de l'Europe.

9. Au sud-ouest du St-Gothard se trouvent les *Alpes Pennines*, qui atteignent 4,618ᵐ au mont Rosa ; les *Alpes Grées*, dont le plus haut sommet est le mont Blanc (4,810ᵐ), où se trouve la mer de glace ; les *Alpes Cottiennes* et les *Alpes Maritimes* (V. Italie).

10. PLATEAU CENTRAL. A l'O. des Cévennes se trouve un terrain élevé de 7 à 900ᵐ au-dessus du niveau de la mer. C'est le *plateau central*, formé par les Cévennes au S. et à l'E., et au N.-O. par les monts du Velay, de l'Auvergne et de la Margeride, du Quercy et du Rouergue.

11. BASSINS. Les deux versants de la France sont *subdivisés en bassins par des contreforts*, qui vont de la ligne de partage des eaux à la mer. Il y a *quatre principaux bassins*, trois à l'O., la Garonne, la Loire et la Seine, et un au S.-E., le Rhône.

12. BASSIN DE LA GARONNE. Ce bassin est limité au S.-E. par la ligne de partage des eaux *jusqu'au mont Lozère* ; au N., il est séparé du bassin de la Loire par les monts de la *Margeride*, d'*Auvergne* (Plomb du Cantal, 1858ᵐ), du *Limousin*, du *Poitou*, les plateaux de *Gatine* et du *Bocage.*

13. GARONNE. La *Garonne* prend sa *source* au val d'Arran, baigne Toulouse, Agen et Bordeaux, prend le nom de *Gironde* à son confluent avec la Dordogne et finit à la *pointe de Grave.*

Elle reçoit à g. le *Gers*, qui baigne Auch ; à d. l'*Ariège*, qui baigne Foix ; le *Tarn*, qui baigne Albi et Montauban ; le *Lot*, qui baigne Mende et Cahors ; la *Dordogne*, qui baigne Libourne.

14. BASSINS COTIERS DE LA GARONNE. On rattache à la Garonne les *bassins côtiers* de l'Adour et de la Leyre au S., de la Charente au N. La Garonne est séparée de l'Adour et de la Leyre par les collines du *Bordelais*, de l'*Armagnac* et du *Bigorre*, qui rejoignent les Pyrénées au mont Cylindre ; de la Charente, par les collines du *Périgord* et de la *Saintonge.*

15. ADOUR. L'*Adour* baigne Tarbes et Bayonne. Il reçoit à g. le *Gave de Pau*, qui passe à Lourdes et à Pau, et à d. la *Midouze*, qui passe à Mont-de-Marsan. Les *collines Landaises* séparent l'Adour de la *Leyre*, rivière qui se jette, près de la Teste de Buch, dans le bassin d'Arcachon.

16. CHARENTE. La *Charente* arrose Angoulême et Rochefort. Au N. de la Rochelle, la *Sèvre Niortaise* arrose Niort.

17. BASSIN DE LA LOIRE. Le bassin de la Loire est *limité au S.* par celui de la Garonne ; à l'E. par les Cévennes sept. et la Côte-d'Or ; *au N.* par la *chaîne armorique*, qui comprend les monts du Morvan, du Nivernais, les plateaux d'Orléans et du Perche, les collines de Normandie, du Maine et de Bretagne.

18. LA LOIRE prend sa *source au mont Gerbier des Joncs*, passe entre Le Puy et St-Étienne, baigne Nevers, Orléans, Blois, Tours, Nantes et St-Nazaire.

Elle reçoit à g. l'*Allier*, qui baigne Moulins ; le *Cher*, qui baigne Vierzon ; l'*Indre*, qui baigne Châteauroux ; la *Vienne*, qui baigne Limoges et Chinon, laissant à g. Poitiers (sur le *Clain*). A d., la Loire reçoit la *Maine*, qui arrose Angers. La Maine reçoit la *Mayenne*, qui baigne Laval ; la *Sarthe*, qui baigne Alençon et le Mans, et le *Loir*, qui baigne Vendôme.

19. BASSINS COTIERS DE LA LOIRE. On rattache à la Loire les *bassins côtiers* de la Vilaine, du Blavet et de l'Aulne. La Loire en est séparée par les collines du Maine. La *Vilaine* baigne Rennes et Redon ; le *Blavet* passe près de Lorient.

20. BASSIN DE LA SEINE. Ce bassin est limité au S.-O. par la chaîne armorique ; au S.-E. par la Côte-d'Or et le plateau de Langres ; au N.-E. par l'Argonne occidentale, les Ardennes occidentales et les collines de l'Artois.

21. LA SEINE. La *Seine* prend sa *source au mont Tasselot* dans la Côte-d'Or, baigne Troyes, Melun, Paris, Rouen et le Havre.

Elle reçoit à g. l'*Yonne*, rivière d'Auxerre et de Sens ; le *Loing*, qui baigne Montargis ; l'*Eure*, qui baigne Chartres ; à d., l'*Aube*, qui baigne Bar-sur-Aube ; la *Marne*, qui baigne Chaumont, Châlons, Épernay et Meaux ; l'*Oise*, qui baigne la Fère, Chauny, Creil et Pontoise.

22. BASSINS COTIERS DE LA SEINE. On rattache à la Seine : à l'O., l'*Orne*, qui en est séparée par les collines du Lieuvin, et la *Rance*, qui en est séparée par les collines du Cotentin ; au N., la *Somme*, qui en est séparée par les collines de Picardie et du pays de Caux. L'*Orne* baigne Caen ; la *Rance* finit à St-Malo ; la *Somme* baigne Amiens et Abbeville.

Au nord-est, dans les **BASSINS PARTIELS** de l'Escaut, de la Meuse et de la Moselle, on trouve Cambrai sur l'*Escaut* ; Verdun, Sedan et Mézières sur la *Meuse* ; Épinal et Toul sur la *Moselle.*

23. BASSIN DU RHONE. Ce bassin est limité au S.-O. par les Pyrénées orient. ; à l'O. et au N.-E. par la ligne de partage des eaux jusqu'au mont St-Gothard ; au S.-E. par les Alpes *Pennines*, *Grées* et *Maritimes.* Les Alpes projettent dans l'intérieur du bassin les A. du Valais, de la Savoie, du Dauphiné et de la Provence.

24. RHONE. Le Rhône prend sa *source au glacier de la Furca* au mont St-Gothard, traverse le lac et la ville de Genève, court à l'O. jusqu'au confluent de la Saône où il arrose *Lyon*, descend ensuite au S. en baignant *Valence*, *Avignon* et *Arles.*

Le Rhône reçoit à d. l'*Ain* ; la *Saône*, qui baigne Mâcon ; l'*Ardèche* et le *Gard* ; à g. l'*Isère*, qui baigne Grenoble ; la *Drôme* et la *Durance*, qui passe entre Gap et Digne et finit près d'Avignon.

25. BASSINS COTIERS DU RHONE. On rattache au Rhône : à d. la *Têt*, qui baigne Perpignan ; l'*Aude*, qui baigne Carcassonne ; l'*Orb* et l'*Hérault* ; à g. l'*Argens*, le *Var* et la *Roya.*

26. CANAUX. Ces bassins sont reliés par divers canaux qui permettent de passer de l'un à l'autre :

1° Le *canal du Midi* entre la Garonne (Castets) et le Rhône (Beaucaire).

2° Le *canal du centre* entre la Loire (Digoin) et la Saône (Châlon-sur-Saône).

3° Le *canal de Bourgogne* entre l'Yonne (Joigny) et la Saône (St-Jean de Losne).

4° Le *canal de l'Est* entre la Saône (St-Symphorien) et l'Ill (Strasbourg).

5° Le *canal de la Marne* au Rhin, par Épernay, Bar-le-Duc et Nancy.

6° Les *canaux d'Orléans* et de *Briare* à Montargis sur le Loing.

7° Le *canal des Ardennes* entre la Marne, l'Aisne et la Meuse.

8° Les *canaux de l'Oise* à la Sambre, et de l'Oise à la Somme et à l'Escaut (canal de St-Quentin).

9° Les *canaux de Nantes* à Brest, et de Nantes à St-Malo.

10° Les *canaux du Nord* qui unissent l'Escaut à la Scarpe (Douai), à la Deûle (Lille), à la Lys (Aire), à l'Aa (St-Omer), à Dunkerque et à Calais.

FRANCE POLITIQUE.

1. BORNES. La France est *bornée à l'O.* par l'Océan Atlantique et la Manche; *au N.* par la Belgique, le Luxembourg et l'Allemagne; *à l'E.* par l'Allemagne, la Suisse et l'Italie; *au S.* par la Méditerranée et l'Espagne.

2. PHASES POLITIQUES. Ce pays, qui s'étendait autrefois jusqu'à la *rive gauche du Rhin*, a passé par trois périodes politiques générales : la période *gauloise*, la période *romaine* et la période *française*.

Les Celtes en furent les premiers habitants; ils se mêlèrent au S.-O. avec les Ibères d'Espagne; puis avec les Latins, sous la conquête romaine; enfin avec les Germains, lors de l'invasion des Francs. De cette fusion est résultée la nationalité française.

3. PÉRIODE GAULOISE. La période gauloise commence *vers le XVe siècle* avant J.-C., et finit à la *conquête de la Gaule* par César, de l'an 58 à l'an 51. Vers cette époque, elle forma *quatre provinces* : la *Belgique*, du Rhin à la Marne et à la Seine; la *Celtique*, de la Seine à la Garonne; l'*Aquitaine*, de la Garonne aux Pyrénées, et la *Narbonnaise*, entre les Pyrénées, les Cévennes, jusque près de Lyon, le Rhône et les Alpes.

4. PÉRIODE ROMAINE. La période romaine, commencée par la fondation d'Aix et de Narbonne en 122 et 118 av. J.-C., fut achevée par la conquête de César et finit à l'invasion des Francs, vers l'an 420, ou à la soumission de la Gaule par Clovis (481-511).

L'empereur Auguste avait étendu l'Aquitaine jusqu'à la Loire (27 av. J.-C.), et diverses subdivisions y avaient formé 17 provinces : 2 Germanies, 2 Belgiques, 5 Lyonnaises, 3 Aquitaines, 2 Narbonnaises, la Viennoise, les Alpes Pennines et les Alpes Maritimes.

5. PÉRIODE FRANÇAISE. La période française a commencé avec Clovis et se continue jusqu'à nos jours. Elle comprend : 1° la période *royale*; 2° la période *impériale*; et 3° la période *républicaine*.

6. LES ROIS. Les rois de France ont formé trois dynasties : 1° la dynastie *mérovingienne* jusqu'à Pépin le Bref, en 752; la dynastie *carlovingienne* jusqu'à Hugues Capet, en 987; 3° la dynastie *capétienne* jusqu'à la mort de Louis XVI, en 1793, et depuis, de 1815 à 1848.

7. LES EMPEREURS. La France a formé un *Empire* de 1804 à 1815, sous Napoléon Ier, et de 1851 à 1870, sous Napoléon III.

Les conquêtes de Napoléon Ier étendirent la France jusqu'à Lubeck (mer Baltique), et jusqu'au Tessin et à la Parma, en Italie.

8. LES RÉPUBLIQUES. La France a été constituée en République de 1792 à 1804, sous la *Convention*, le *Directoire* et le *Consulat*; puis de 1848 à 1851, et enfin de 1870 jusqu'à nos jours.

9. GOUVERNEMENTS ANCIENS. Avant 1790, la France formait 32 *grands gouvernements* et 8 *petits.* En voici le tableau avec l'année où ils furent réunis à la couronne :

GROUPE DU S.-O.

1. Béarn	*Pau*	Henri IV, en 1589.
2. Guyenne et Gascogne	*Bordeaux*	Charles VII, en 1453.
3. Aunis et Saintonge	*La Rochelle*	Charles V, en 1375.
4. Angoumois	*Angoulême*	id.
5. Limousin	*Limoges*	id.
6. Marche	*Guéret*	François Ier, en 1523.
7. Auvergne	*Clermont*	id.
8. Bourbonnais	*Moulins*	id.
9. Berry	*Bourges*	Philippe Ier, en 1100.
10. Poitou	*Poitiers*	Charles V, en 1375.

10. GROUPE DU N.-O.

11. Bretagne	*Rennes*	François Ier, en 1532.
12. Anjou	*Angers*	Louis XI, en 1481.
13. Maine	*Le Mans*	id.
14. Touraine	*Tours*	Philippe Aug., en 1204.
15. Orléanais	*Orléans*	Hugues Capet, en 987.
16. Normandie	*Rouen*	Charles VII, en 1450.
17. Picardie	*Amiens*	Hugues Capet, en 987.
18. Artois	*Arras*	Louis XIV, en 1659.
19. Flandre	*Lille*	Louis XIV, en 1668.
20. Ile de France	*Paris*	Hugues Capet, en 987.

11. GROUPE DU N.-E.

21. Champagne	*Troyes*	Philippe III, en 1284.
22. Lorraine	*Nancy*	Louis XV, en 1766.
23. Alsace	*Strasbourg*	Louis XIV, en 1648.
24. Franche-Comté	*Besançon*	Louis XIV, en 1678.
25. Bourgogne	*Dijon*	Louis XI, en 1477.
26. Nivernais	*Nevers*	Louis XVI, en 1790.

12. GROUPE DU S.-E.

27. Lyonnais	*Lyon*	Philippe IV, en 1312.
28. Dauphiné	*Grenoble*	Philippe VI, en 1349.
29. Provence	*Aix*	Louis XI, en 1481.
30. Languedoc	*Toulouse*	Philippe III, en 1271.
31. Comté de Foix	*Foix*	Henri IV, en 1589.
32. Roussillon	*Perpignan*	Louis XIV, en 1659.

13. PETITS GOUVERNEMENTS :

1. Dunkerque (1662).	5. Paris.
2. Boulogne (1477).	6. Metz et Verdun (1552).
3. Le Havre.	7. Toul (1552).
4. Saumur.	8. La Corse (1768).

14. NOUVELLES PROVINCES acquises depuis 1789 :

1. Comtat Venaissin	*Avignon*	Louis XVI, en 1791.
2. Savoie	*Chambéry*	Napoléon III, en 1862.
3. Comté de Nice	*Nice*	id.

15. DIVISION EN DÉPARTEMENTS. Le 15 janvier 1790, l'Assemblée nationale constituante remplaça les *anciens gouvernements* par 83 départements; la Convention en ajouta deux autres en 1793, celui du *Vaucluse* et celui de la *Loire*, détaché du département de Rhône-et-Loire, qui devint le département du Rhône. En 1808, Napoléon Ier y ajouta le département du *Tarn-et-Garonne*, formé de portions séparées des départements voisins.

16. NOMBRE DES DÉPARTEMENTS. Sous Napoléon Ier, les départements furent portés au nombre de 135; mais ceux qui avaient été formés hors des anciennes frontières de la France, furent perdus en 1815.

En 1860, Napoléon III put recouvrer le *duché de Savoie* et le *comté de Nice*, dont il forma trois départements; mais il en perdit trois autres avec sa couronne en 1870 : la *Moselle*, c. Metz; le *Bas-Rhin*, c. Strasbourg, et le *Haut-Rhin*, c. Colmar. En définitive, la France actuelle comprend 86 départements, et le territoire de Belfort, reste du département du Haut-Rhin.

17. GOUVERNEMENT. Depuis 1870, la France forme une *République*, gouvernée par un Président et deux Chambres. Le Président est assisté de onze ministres. Les Chambres sont le *Sénat* et la *Chambre des Députés*. Le *Sénat* est formé de membres nommés à vie et de membres élus pour neuf ans par un suffrage à deux degrés. Désormais, à la mort d'un membre nommé à vie, son remplaçant est élu par un département tiré au sort. La *Chambre des Députés* est élue par le suffrage universel.

18. SIÈGE DU GOUVERNEMENT. Le Président de la République et les deux Chambres siègent à Paris, capitale de la France.

19. ADMINISTRATION DÉPARTEMENTALE. Chaque département est administré par un *préfet*, assisté de deux Conseils : le *Conseil de préfecture* et le *Conseil général*. Chaque arrondissement est administré par un *sous-préfet*, assisté d'un *Conseil d'arrondissement*.

20. ADMINISTRATION DE LA JUSTICE. La Justice comprend une *justice de paix* par canton; un *tribunal civil de 1re instance* par arrondissement; *un tribunal criminel* par département; vingt-six *cours d'appel* et une *cour suprême de cassation*.

21. ADMINISTRATION RELIGIEUSE. Sous le rapport religieux, la France compte 84 *diocèses* dont 17 *archevéchés* et 67 *évéchés*, sans y comprendre les colonies. Celles-ci comprennent 6 diocèses, dont 1 archevéché et 5 évéchés; il y a de plus 5 préfectures apostoliques.

22. ADMINISTRATION MARITIME. Les côtes de la France sont divisées en *cinq arrondissements* ou *préfectures maritimes*, administrées par un préfet maritime. Ces préfectures sont : *Cherbourg, Brest, Lorient, Rochefort* et *Toulon*.

23. ARMÉE ET FLOTTE. L'armée forme 18 *corps d'armée*, comprenant une force de 500,000 h. sur pied de paix; une *armée active* de 1,200,000 h., et une *armée territoriale* de 600,000 h. sur pied de guerre. La flotte compte environ 360 bâtiments, dont 59 sont cuirassés.

Il y a en outre deux gouvernements militaires, à Paris et à Lyon; un 19e corps d'armée pour l'Algérie, et une armée coloniale.

24. POPULATION ET ÉTENDUE. La population de la France est de 37,672,048 hab., répandus sur une surface de 528,577 kil. car.; sur ce nombre, 36,900,000 sont catholiques, 700,000 protestants, 70,000 juifs. Les ministres de ces trois cultes sont reconnus par l'État.

QUESTIONNAIRE. 1. Donnez les limites politiques de la France; 2. ... les périodes politiques par lesquelles elle a passé. 3. Parlez de la période Gauloise; 4. ... de la période Romaine; 5. ... de la période Française; 6. ... des rois; 7. ... des empereurs; 8. ... des Républiques; 9. ... de la division ancienne par gouvernement. Indiquez les grands gouvernements du S.-O.; 10. ... ceux du N.-O.; 11. ... ceux du N.-E.; 12. ... ceux du S.-E. 13. Citez les petits gouvernements; 14. ... les provinces acquises depuis 1789. 15. Quand eut lieu la division en départements? 16. Le nombre des départements a-t-il varié? 17. Parlez de la forme actuelle du gouvernement; 18. ... du siège du gouvernement; 19. ... de l'administration départementale; 20. ... de celle de la justice; 21. ... de l'administration religieuse; 22. ... maritime; 23. ... de l'armée et de la flotte. 24. Indiquez la population et l'étendue de la France.

FRANCE POLITIQUE PAR PROVINCES.

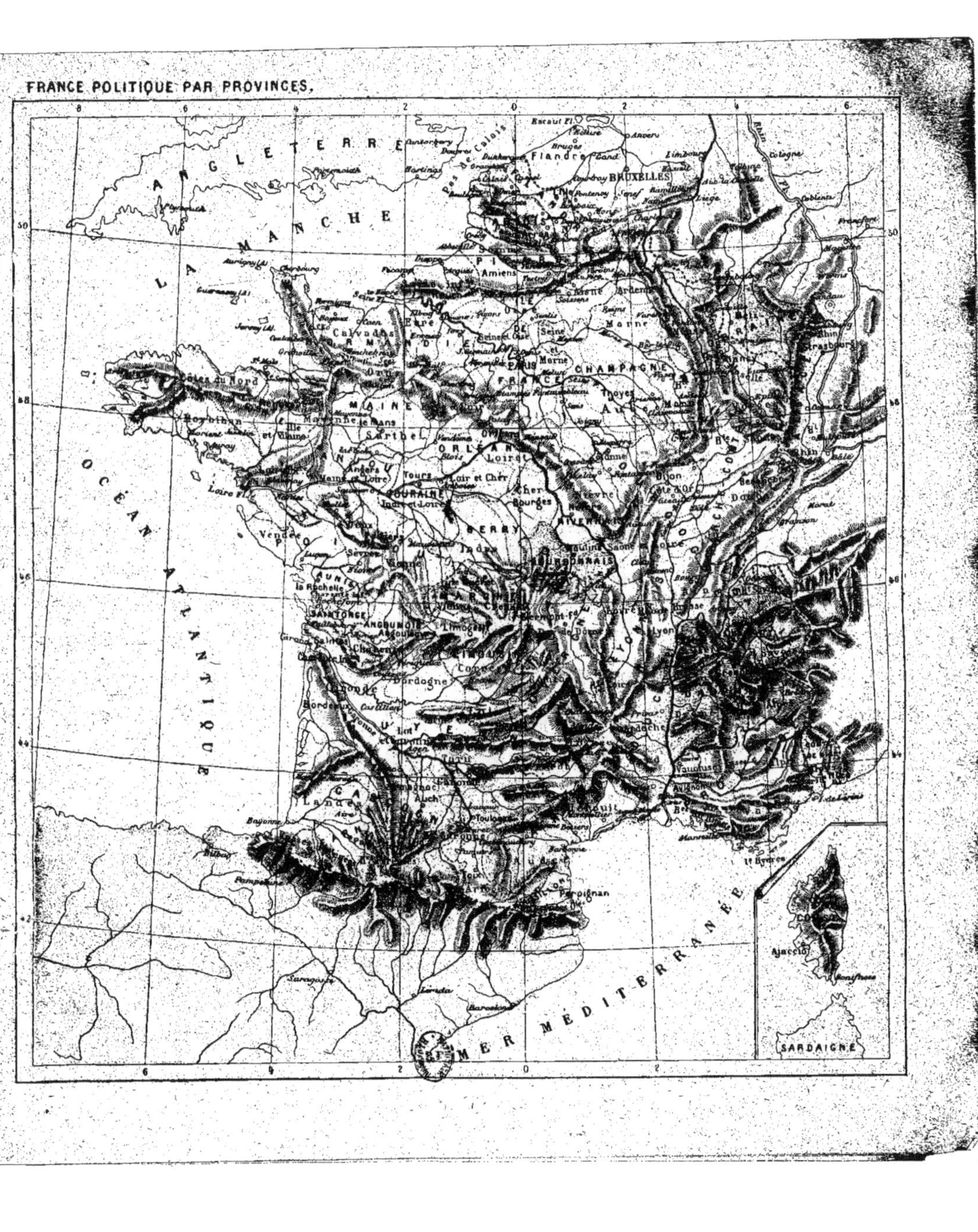

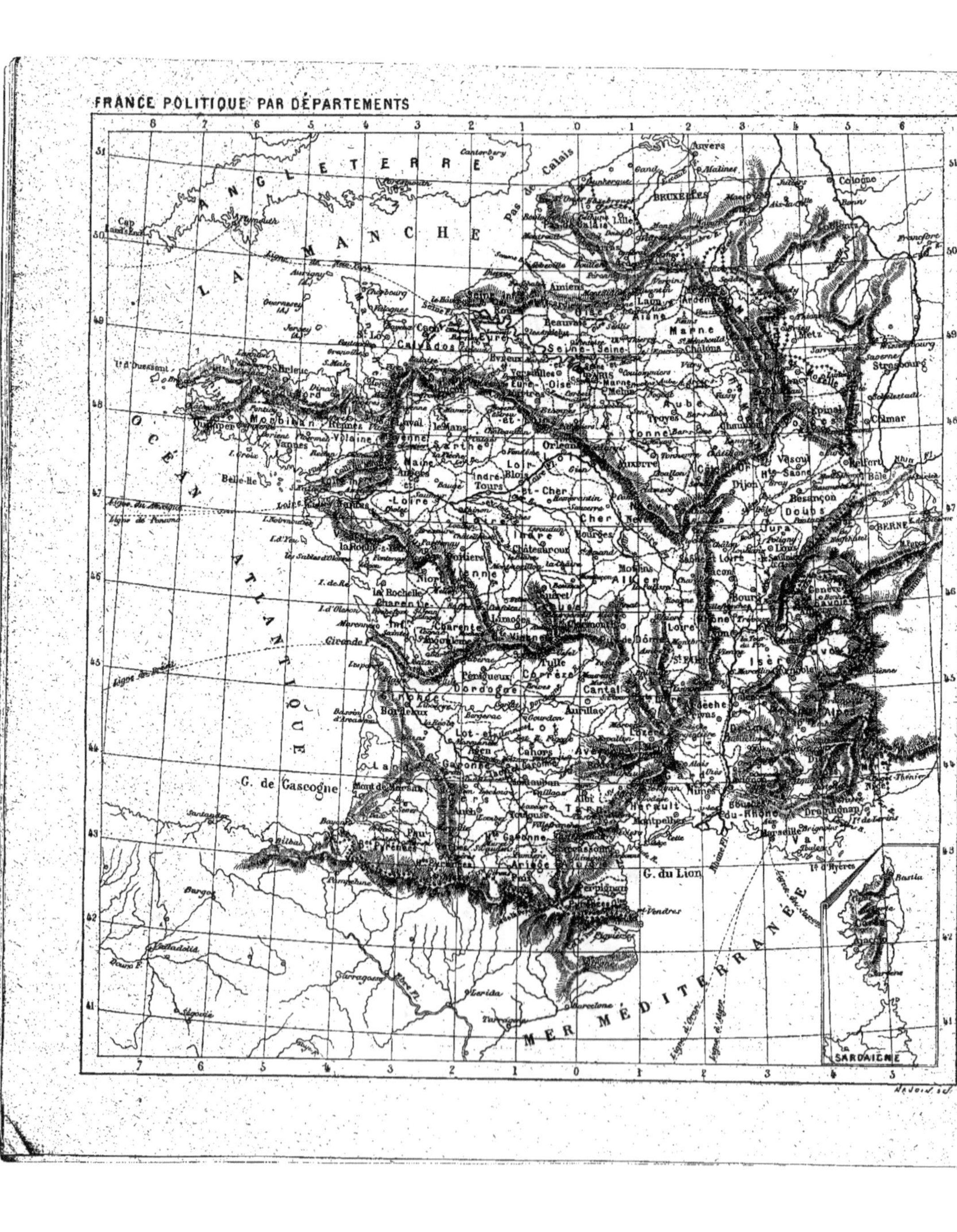
ANGLETERRE
LA MANCHE
Pas de Calais
OCÉAN ATLANTIQUE
G. de Gascogne
G. du Lion
MER MÉDITERRANÉE
BRUXELLES
Anvers
Cologne
Strasbourg
Colmar
Metz
Nancy
Belfort
Bâle
BERNE
Besançon
Doubs
Jura
Dijon
Côte d'Or
Hte Saône
Troyes
Aube
Marne
Châlons
Ardennes
Aisne
PARIS
Versailles
Seine
Eure
Oise
Amiens
Beauvais
Rouen
Calais
Dunkerque
Lille
Arras
Eure-et-Loir
Orléans
Loir-et-Cher
Blois
Tours
Indre-et-Loire
Sarthe
Le Mans
Maine-et-Loire
Mayenne
Laval
Rennes
Morbihan
Quimper
Vannes
Belle-Ile
St-Malo
St-Lô
Caen
Calvados
Cherbourg
Nantes
Loire
la Roche-s-Yon
les Sables d'Olonne
I. de Ré
I. d'Oléron
la Rochelle
Niort
Poitiers
Vienne
Charente
Charente-Inf.
Angoulême
Limoges
Tulle
Corrèze
Périgueux
Dordogne
Bordeaux
Gironde
Bassin d'Arcachon
Mont de Marsan
Pau
Bses Pyrénées
Htes Pyrénées
Tarbes
Auch
Gers
Toulouse
Hte Garonne
Foix
Ariège
Perpignan
Carcassonne
Aude
Montpellier
Hérault
Nîmes
Gard
Avignon
Vaucluse
Marseille
Var
Draguignan
Toulon
Iles d'Hyères
Cannes
Nice
Gap
Hautes-Alpes
Isère
Grenoble
Lyon
Loire
St-Étienne
Puy-de-Dôme
Clermont
Aurillac
Cantal
Lot
Cahors
Aveyron
Rodez
Tarn
Albi
Tarn-et-Garonne
Montauban
Agen
Lot-et-Garonne
Bourges
Cher
Nevers
Nièvre
Allier
Moulins
Châteauroux
Indre
Creuse
Guéret
Auxerre
Yonne
Bar
Chaumont
Hte Marne
Valence
Drôme
Ardèche
Privas
Digne
Bsses Alpes
Savoie
Chambéry
Ain
Bourg
Mâcon
Saône-et-Loire
Epinal
Vosges
Mézières
Verdun
Bar-le-Duc
Meuse
Meurthe
Luxembourg
Francfort
Cap Land's End
I. d'Ouessant
Canterbury
Santander
Burgos
Valladolid
Douro F.
Saragosse
Ebre F.
Lérida
Barcelone
Tarragone
SARDAIGNE
Bastia
Ajaccio
Corse

TABLEAU DES DÉPARTEMENTS.

1. Le Béarn forme 1 département. (1)

Basses-Pyrén.. *Pau*........ Bayonne, Mauléon, Oloron et Orthez.

La Guyenne et Gascogne, 9 dép. (2-10)

Hautes-Pyrén. *Tarbes*...... Argelès et Bagnères de Bigorre.
Gers.......... *Auch*....... Condom, Lectoure, Lombez et Mirande.
Landes....... *Mt-de-Marsan* Dax et Saint-Sever.
Gironde..... *Bordeaux*.... Bazas, Blaye, Lesparre, Libourne et La Réole.
Lot-et-Garonne *Agen*...... Marmande, Nérac et Villeneuve-d'Agen.
Tarn-et-Garon. *Montauban*.. Castel-Sarrasin et Moissac.
Aveyron...... *Rodez*...... Espalion, Milhau, Saint-Affrique et Villefranche.
Lot.......... *Cahors*..... Figeac et Gourdon.
Dordogne..... *Périgueux*... Bergerac, Nontron, Ribérac et Sarlat.

2. L'Aunis et Saintonge. 1 dép. (11)

Charente-Inf.. *La Rochelle*.. Jonzac, Marennes, Rochefort, Saintes et St-Jean-d'Angely.

L'Angoumois, 1 dép. (12)

Charente..... *Angoulême*... Barbézieux, Cognac, Confolens et Ruffec.

Le Limousin, 2 dép. (13-14)

Corrèze...... *Tulle*...... Brives-la-Gaillarde et Ussel.
Haute-Vienne. *Limoges*..... Bellac, Rochechouart et Saint-Yrieix.

La Marche, 1 dép. (15)

Creuse....... *Guéret*..... Aubusson, Bourganeuf, Boussac.

L'Auvergne, 2 dép. (16-17)

Cantal....... *Aurillac*.... Mauriac, Murat et St-Flour.
Puy-de-Dôme... *Clermont*... Ambert, Issoire, Riom et Thiers.

Le Bourbonnais, 1 dép. (18)

Allier....... *Moulins*..... Gannat, La Palisse et Montluçon.

Le Berry, 2 dép. (19-20)

Cher......... *Bourges*.... Saint-Amand et Sancerre.
Indre........ *Châteauroux*. Le Blanc, La Châtre et Issoudun.

3. Le Poitou, 3 dép. (21-23)

Vienne....... *Poitiers*.... Châtellerault, Civray, Loudun et Montmorillon.
Deux-Sèvres.. *Niort*...... Bressuire, Melle et Parthenay.
Vendée....... *La Roche-s.-* Fontenay et Les Sables-d'Olonne. [Yon.

La Bretagne, 5 dép. (24-28)

Loire-Infér... *Nantes*...... Ancenis, Châteaubriant, Paimbœuf et St-Nazaire.
Morbihan.... *Vannes*..... Lorient, Pontivy et Ploermel.
Finistère.... *Quimper*.... Brest, Châteaulin, Morlaix et Quimperlé.
Côtes-du-Nord. *Saint-Brieuc*. Dinan, Guingamp, Lannion et Loudéac.
Ille-et-Vilaine. *Rennes*..... Fougères, Montfort, Redon, Saint-Malo et Vitré.

L'Anjou, 1 dép. (29)

Maine-et-Loire. *Angers*..... Baugé, Cholet, Saumur et Segré.

4. Le Maine, 2 dép. (30-31)

Mayenne..... *Laval*...... Château-Gontier et Mayenne.
Sarthe....... *Le Mans*.... La Flèche, Mamers et St-Calais.

La Touraine, 1 dép. (32)

Indre-et-Loire. *Tours*...... Chinon et Loches.

L'Orléanais, 3 dép. (33-35)

Loir-et-Cher.. *Blois*...... Romorantin et Vendôme.
Loiret....... *Orléans*.... Gien, Montargis et Pithiviers.
Eure-et-Loire. *Chartres*... Châteaudun, Dreux et Nogent-le-Rotrou.

La Normandie, 5 dép. (36-40)

Orne......... *Alençon*..... Argentan, Domfront et Mortagne.
Manche...... *Saint-Lô*... Avranches, Cherbourg, Coutances, Mortain et Valognes.
Calvados..... *Caen*...... Bayeux, Falaise, Lisieux, Pont-l'Évêque et Vire.
Eure......... *Évreux*..... Les Andelys, Bernay, Louviers et Pont-Audemer.
Seine-Infér... *Rouen*..... Dieppe, Le Havre, Neufchâtel et Yvetot.

5. La Picardie, 1 dép. (41)

Somme........ *Amiens*...... Abbeville, Doullens, Montdidier et Péronne.

L'Artois, 1 dép. (42)

Pas-de-Calais.. *Arras*...... Béthune, Boulogne, Montreuil, St-Omer et St-Pol.

La Flandre, 1 dép. (43)

Nord......... *Lille*...... Avesnes, Cambrai, Douai, Dunkerque, Hazebrouck et Valenciennes.

L'Ile de France, 5 dép. (44-48)

Aisne........ *Laon*...... Château-Thierry, St-Quentin, Soissons et Vervins.
Oise......... *Beauvais*... Clermont, Compiègne et Senlis.
Seine........ *Paris*...... (Saint-Denis et Sceaux, anc. s.-préf.).
Seine-et-Oise.. *Versailles*... Corbeil, Étampes, Mantes, Pontoise et Rambouillet.
Seine-et-Marne *Melun*...... Coulommiers, Fontainebleau, Meaux et Provins.

6. La Champagne, 4 dép. (49-52)

Aube......... *Troyes*...... Arcis-s.-Aube, Bar-s.-Aube, Bar-s.-Seine et Nogent-s.-Seine.
Haute-Marne.. *Chaumont*... Langres et Vassy.
Marne........ *Châlons-s-M.* Épernay, Reims, Ste-Menehould et Vitry-le-François.
Ardennes..... *Mézières*... Rethel, Rocroi, Sedan et Vouziers.

La Lorraine, 3 dép. (53-55)

Meuse........ *Bar-le-Duc*... Commercy, Montmédy et Verdun.
Meurthe-et-M. *Nancy*..... Briey, Lunéville et Toul.
Vosges....... *Épinal*..... Mirecourt, Neufchâteau, Remiremont et Saint-Dié.

L'Alsace, 1 territoire.

T. de Belfort. *Belfort*.

La Franche-Comté, 3 dép. (56-58)

Haute-Saône.. *Vesoul*..... Gray et Lure.
Doubs........ *Besançon*.... Baume-les-Dames, Montbéliard et Pontarlier.
Jura......... *Lons-le-Saul-* Dôle, Poligny et St-Claude. [nier.

7. La Bourgogne, 4 dép. (59-62)

Ain.......... *Bourg*...... Belley, Gex, Nantua et Trévoux.
Saône-et-Loire. *Mâcon*..... Autun, Châlon-sur-Saône, Charolles et Louhans.
Côte-d'Or..... *Dijon*...... Beaune, Châtillon-sur-Seine et Semur.
Yonne........ *Auxerre*.... Avallon, Joigny, Sens et Tonnerre.

Le Nivernais, 1 dép. (63)

Nièvre....... *Nevers*..... Château-Chinon, Clamecy et Cosne.

Le Lyonnais, 2 dép. (64-65)

Loire........ *St-Étienne*.. Montbrison et Roanne.
Rhône........ *Lyon*...... Villefranche.

Le Dauphiné, 3 dép. (66-68)

Isère........ *Grenoble*.... St-Marcellin, la Tour-du-Pin et Vienne.
Drôme........ *Valence*.... Die, Montélimar et Nyons.
Hautes-Alpes.. *Gap*........ Briançon et Embrun.

8. La Provence, 3 dép. (69-71)

Basses-Alpes.. *Digne*...... Barcelonnette, Castellane, Forcalquier et Sisteron.
Var.......... *Draguignan*. Brignoles et Toulon.
Bouches-du-Rh. *Marseille*... Aix et Arles.

Le Languedoc, 8 dép. (72-79)

Ardèche...... *Privas*..... Largentière et Tournon.
Haute-Loire... *Le Puy*..... Brioude et Yssingeaux.
Lozère....... *Mende*..... Florac et Marjevols.
Gard......... *Nîmes*...... Alais, Le Vigan et Uzès.
Hérault...... *Montpellier*.. Béziers, Lodève et St-Pons.
Tarn......... *Albi*...... Castres, Gaillac et Lavaur.
Haute-Garonne *Toulouse*.... Muret, St-Gaudens et Villefranche de Lauraguais.
Aude......... *Carcassonne*. Castelnaudary, Limoux et Narbonne.

9. Le Comté de Foix, 1 dép. (80)

Ariège....... *Foix*...... Pamiers et Saint-Girons.

Le Roussillon, 1 dép. (81)

Pyrén.-Orient. *Perpignan*... Céret et Prades.

L'Ile de Corse, 1 dép. (82)

Corse........ *Ajaccio*..... Bastia, Calvi, Corte et Sartène.

Le Comtat-Venaissin, 1 dép. (83)

Vaucluse..... *Avignon*..... Apt, Carpentras et Orange.

Le Comté de Nice, 1 dép. (84)

Alpes-Marit... *Nice*...... Grasse et Puget-Théniers.

Le Duché de Savoie, 2 dép. (85-86)

Savoie....... *Chambéry*... Albertville, Moûtiers et Saint-Jean-de-Maurienne.
Haute-Savoie.. *Annecy*..... Bonneville, St-Julien et Thonon.

10. RICHESSE DE LA FRANCE. La richesse d'un pays dépend de la *quantité du numéraire* qui s'y trouve, de la *fertilité* et de l'*exploitation* de son sol, de ses *mines*, de son *industrie* et de son *commerce*.

11. AGRICULTURE. La France, favorisée d'un *climat tempéré* et d'un *sol fertile*, a pu donner de grands développements à l'agriculture. Elle produit en moyenne, par année, 140 millions d'hect. de *pommes de terre*, 90 à 100 de *blé*; 80 d'*avoine*, 30 à 40 de *vins*, 30 de *seigle*, 20 d'*orge*, 10 de *maïs* et 8 millions de quintaux de sucre de betterave. Elle nourrit 30 millions de *moutons*, 12 de *bêtes à cornes*, 6 de *porcs*, 3 de *chevaux*, 1 et 1/2 de *chèvres*, 1 d'*ânes* et de *mulets*.

12. MINES. La France extrait, par année, plus de 19 millions de tonnes de *houille*. Elle fabrique annuellement pour plus de 200 millions de francs ou 2 millions de tonnes de *fer*, de *fonte* ou d'*acier*. Elle exploite aussi quelques mines de plomb argentifère, de zinc et de cuivre, des carrières d'ardoises et de marbre, des sources d'eaux minérales, etc.

13. INDUSTRIE. La France est renommée par ses *soieries* (Lyon et Saint-Étienne), ses *draps* et ses *tissus* de *coton* et de *fil* (Sedan, Elbeuf, Roubaix, Tourcoing, Armentières, Lille, Rouen), ses *dentelles* et ses *tulles* (Alençon, Saint-Pierre-lès-Calais), ses *fabriques métallurgiques* (le Creuzot, Saint-Étienne, Châtellerault), ses *glaces* (St-Gobain), ses *porcelaines* (Sèvres), ses *tapisseries* (Gobelins), etc.

14. COMMERCE. On évalue à environ 8 milliards le commerce de la France avec l'étranger. L'*exportation* s'opère surtout par les *grandes lignes de navigation*, qui partent de *Marseille* pour l'Orient et l'Asie; de *Bordeaux*, de *Saint-Nazaire* et du *Havre* pour les deux Amériques; de *Dieppe*, *Boulogne* et *Calais* pour l'Angleterre; de *Dunkerque* pour la mer du Nord. La marine marchande de la France se compose de 16,000 bâtiments, dont 460 à vapeur, représentant ensemble un million de tonnes.

QUESTIONNAIRE. 1. Donnez les départements et les sous-préfectures des départements formés par le Béarn, la Guyenne et Gascogne; 2. ... par l'Aunis et Saintonge, l'Angoumois, le Limousin, la Marche, l'Auvergne, le Bourbonnais et le Berry; 3. ... par le Poitou, la Bretagne et l'Anjou; 4. ... par le Maine, la Touraine, l'Orléanais et la Normandie;

5. Par la Picardie, l'Artois, la Flandre et l'Ile de France; 6. ... par la Champagne, la Lorraine, l'Alsace et la Franche-Comté; 7. ... par la Bourgogne, le Nivernais, le Lyonnais et le Dauphiné; 8. ... par la Provence et le Languedoc; 9. ... par le comté de Foix, le Roussillon, la Corse, le Comtat-Venaissin, le comté de Nice et le duché de Savoie.

10. D'où dépend la richesse d'un pays? Quels sont les avantages de la France, relativement: 11. ... à l'agriculture? 12. ... aux mines? 13. ... à l'industrie? 14. ... au commerce?

CHEMINS DE FER.

1. ORGANISATION. Les chemins de fer français comprennent plus de 29,000 kil. de voies ferrées, dont l'exploitation est confiée principalement à *six grandes Compagnies*. Ce sont les Compagnies de l'*Ouest*, d'*Orléans*, du *Midi*, de *Lyon*, de l'*Est* et du *Nord*. Toutes, excepté celle du Midi, ont leur point de départ à Paris.

De plus, l'*État* exploite lui-même un réseau considérable, et beaucoup de petites Compagnies.

2. COMPAGNIE DE L'OUEST. La *Compagnie de l'Ouest* a deux gares à Paris, celle de *St-Lazare* (rive droite), et celle de *Montparnasse* (rive gauche). Elle exploite le chemin de fer de ceinture autour de Paris, et un territoire qui va de Paris à Dieppe et à Brest.

3. Grands trajets. Ses principales lignes sont :

1° *de Paris à Dieppe* (201 k.) *et au Havre* (228 k.), par Mantes et Rouen.

2° *de Paris à Cherbourg* (371 k.), par Mantes, Évreux et Caen.

3° *de Paris à Granville* (328 k.), par Versailles, St-Cyr, Dreux, Argentan et Flers.

4° *de Paris à Brest* (623 k.), par St-Cyr, Chartres, Le Mans, Laval, Rennes et St-Brieuc.

La *ligne de Brest* communique à droite avec Alençon et St-Malo; à gauche, avec Tours, Angers et Redon.

4. COMPAGNIE D'ORLÉANS. La *Compagnie d'Orléans* a deux gares à Paris, sur la rive gauche de la Seine : 1° la gare d'*Orsay* (place d'Enfer), pour Sceaux, Orsay et Limours ; 2° la gare d'*Orléans* (quai d'Austerlitz), pour les grandes lignes. Elle exploite un vaste territoire compris entre la Loire et la Garonne.

5. Grands trajets. Ses principales lignes sont :

1° *de Paris à Nantes* (427 k.), par Orléans ou Vendôme, Tours, Angers. Elle rejoint Brest par Vannes (562 k.), Quimper et Landerneau (765 k.).

2° *de Paris à Bordeaux* (585 k.), par Tours, Poitiers et Angoulême, avec embranchements pour Rochefort, La Rochelle et les Sables d'Olonne.

3° *de Paris à Toulouse* (751 k.), par Orléans, Vierzon, Châteauroux, Limoges, Brives et Figeac.

4° *de Bordeaux à Arvant* (460 k.), par Périgueux, Brive, Figeac, Aurillac et Murat, ou à *Clermont*, par Brive, Tulle et Ussel.

6. RÉSEAU DE L'ÉTAT. L'État a créé de nombreuses lignes surtout dans le territoire de la Compagnie d'Orléans.

Les principales vont : 1° d'*Orléans* à Chartres et à Dreux ; 2° de *Tours* à Châteauroux ; 3° de *Tours* aux Sables d'Olonne ; 4° de *Nantes* à Bordeaux par la Roche-sur-Yon, la Rochelle, Saintes et Coutras (446 k.), et à Limoges par Saintes et Angoulême.

7. COMPAGNIE DU MIDI. La *Compagnie du Midi* a sa gare centrale à Bordeaux (cours St-Jean), et exploite les lignes comprises entre Bayonne, Bordeaux et Cette.

8. Grands trajets. Ses principales lignes sont :

1° *de Bordeaux à Cette* (476 k.), par Agen, Montauban, Toulouse, Carcassonne et Narbonne, avec embranchement sur Auch et Perpignan.

2° *de Bordeaux à Irun* (236 k.), par Morcenx et Bayonne.

3° *de Bayonne à Toulouse* (322 k.), par Pau, Lourdes, Tarbes et St-Gaudens.

9. COMPAGNIE DE LYON. La *Compagnie de Lyon-Méditerranée* a sa gare centrale à Paris (boulevard Diderot, rive droite). Elle exploite les lignes comprises entre la Loire, l'Allier et les Cévennes, à l'ouest; l'Yonne, le Doubs, le Jura et les Alpes, à l'est, et la Méditerranée, au sud.

10. Grands trajets. Ses principales lignes sont :

1° *de Paris à Cette* (803 k.), par Melun, Montargis, Nevers, Moulins, St-Germain-des-Fossés, Clermont-Ferrand, Arvant, Nîmes et Montpellier. C'est la ligne du *Bourbonnais*.

2° *de Paris à Lyon* (512 k.), par St-Germain-des-Fossés et Roanne (voir n° précédent); ou par Melun, Sens, Tonnerre, Dijon, Châlon et Mâcon. La longueur des deux trajets est la même.

3° *de Lyon à Nice* (577 k.), par Valence, Avignon, Arles, Marseille et Toulon.

11. Embranchements. Des bords de la Saône et du Rhône, la ligne de Lyon-Nice envoie des embranchements : 1° à Grenoble, Bourg, Chambéry et Modane (693 k.), d'où elle passe en Italie, par le tunnel du Mont-Cenis ; 2° à Dôle et Pontarlier, pour passer à Neufchâtel en Suisse.

12. COMPAGNIE DE L'EST. La *Compagnie de l'Est* a deux gares à Paris : la *gare de Vincennes* (place de la Bastille), pour Vincennes et Brie-Comte-Robert, et la *gare de l'Est* (boulevard de Strasbourg), pour les grands trajets. Elle exploite les lignes comprises entre Troyes et Belfort, au sud-est ; Meaux et Mézières, au nord-ouest.

13. Grands trajets. Ses principales lignes sont :

1° *de Paris à Belfort* (443 k.), par Nogent, Troyes, Chaumont, Langres et Vesoul.

2° *de Paris à Avricourt* (410 k.), par Meaux, Château-Thierry, Epernay, Châlons, Vitry, Bar-le-Duc, Toul et Nancy.

Cette ligne conduit ensuite à Strasbourg, Stuttgard (Wurtemberg), Munich (Bavière), Vienne (Autriche), Bucharest (Roumanie), etc.

3° *de Châlons à Metz* (347 k.), par Ste-Menehould et Verdun. C'est la route de Mayence et de Francfort (712 k.).

4° *d'Epernay à Givet* (324 k.), par Reims, Rethel et Mézières, avec embranchement sur Thionville, par Sedan et Montmédy (325 k.). Elle conduit ensuite à Namur, etc.

14. Ligne d'Orléans a Châlons. Une ligne de l'État coupe celles des Compagnies d'Orléans, de Paris-Lyon-Méditerranée et de l'Est, et réunit *Orléans à Châlons* (295 k.), par Montargis, Sens, Troyes et Arcis-sur-Aube.

15. COMPAGNIE DU NORD. La *Compagnie du Nord* a sa gare centrale à Paris (place de Roubaix). Elle exploite les lignes comprises entre Hirson, Lille, Dunkerque et Dieppe.

16. Grands trajets. Ses principales lignes sont :

1° *de Paris à Hirson* (197 k.), par Soissons et Laon.

2° *de Paris à Maubeuge* (229 k.), par St-Denis, Creil, Tergnier, St-Quentin et Busigny. Elle est reliée à Cambrai (206 k.) et à Valenciennes (250 k.).

3° *de Paris à Lille* (250 k.), par Creil, Amiens, Arras, Douai, avec embranchement à Arras, pour Dunkerque (305 k.), par Béthune et Hazebrouck, et pour Calais (297 k.), par Hazebrouck et St-Omer.

4° *de Paris à Calais* (297 k.), par Amiens, Abbeville et Boulogne, avec embranchement, à gauche, sur le Tréport; à droite, sur St-Pol et St-Omer.

VOYAGES DE PARIS
AUX CAPITALES DE L'EUROPE.

17. VOYAGE A LONDRES ET A DUBLIN. On prend le paquebot à *Dieppe* pour Newhaven, ou à *Boulogne* pour Folkestone, ou à *Calais* pour Douvres, ou le paquebot direct pour *Londres*, à Boulogne, à Calais ou à Dunkerque (400 k.).

De Londres, on atteint *Edimbourg* par terre; *Dublin*, par Holyhead et la mer d'Irlande.

18. VOYAGE A BRUXELLES ET A LA HAYE. On prend la *ligne de Maubeuge*, d'où l'on passe à Mons et à *Bruxelles* (310 k.), puis à Anvers, à Rotterdam, à *La Haye* et à Amsterdam (545 k.).

19. VOYAGE A COPENHAGUE. On prend la *ligne de Maubeuge*, d'où l'on passe à *Kiel*, par Liège, Cologne et Hambourg; à *Kœrsœr*, par le paquebot, et de là à *Copenhague*, en chemin de fer (1,260 k.).

20. VOYAGE A STOCKHOLM. On passe de Maubeuge à *Brême*, à *Hambourg* et à *Frederickshavn*; par mer à *Gothebourg*, puis en chemin de fer jusqu'à *Stockholm*, ou par Copenhague et Malmœ (1,924 k.).

21. VOYAGE A BERLIN (1,075 k.). On prend la *ligne de Maubeuge*, d'où l'on passe à *Cologne* par Namur, Liège, Aix-la-Chapelle ; de là à *Berlin*, par Hanovre-Stendal, ou par Hanovre-Brunswick, ou par Unna et Magdebourg.

22. VOYAGE A ST-PÉTERSBOURG. On se rend de *Berlin* à *Wilna*, par Custrin et Kœnigsberg; de là à *St-Pétersbourg* (2,717 k.).

23. VOYAGE A VIENNE. On prend la *ligne d'Avricourt* ou de *Belfort*, d'où l'on passe à Munich (937 k.), par Strasbourg et Ulm, ou par Bâle. De Munich, on peut passer par Simbach ou par Salzbourg (1,364 k.).

24. VOYAGE A CONSTANTINOPLE. On passe de Vienne à Varna, par le Danube ou le chemin de fer; et de Varna à *Constantinople*, par mer (2,975 k.), ou par Belgrade et Andrinople, ou directement, *par mer*, de Marseille.

25. VOYAGE A BERNE. On prend la *ligne de Dijon*, d'où l'on passe à *Neufchâtel*, par Dôle, et de là à *Berne* (574 k.).

26. VOYAGE A ATHÈNES ET A ROME. On se rend à *Athènes* par le paquebot de Marseille. Pour *Rome*, on peut s'y rendre par le bateau de Marseille à Civita-Vecchia, ou par terre, en passant par Modane, Turin, Bologne ou par Gênes (412 k.), Florence et Chiusi (1,458 k.).

27. VOYAGE A MADRID ET A LISBONNE. On passe par Bayonne, Tolosa, Burgos, *Madrid* (1,452 k.), Alcazar, Badajoz et Lisbonne (2,124 k.). Pour *Lisbonne*, on peut aussi prendre le paquebot de Bordeaux (1,400 k.), ou du Havre (1,820 k.).

QUESTIONNAIRE. 1. *Parlez de l'organisation des chemins de fer;* 2. ... *de la Cie de l'Ouest;* 3. ... *de ses grands trajets;* 4. ... *de la Cie d'Orléans;* 5. ... *de ses grands trajets;* 6. ... *du réseau de l'État;* 7. ... *de la Cie du Midi;* 8. ... *de ses grands trajets.*

9. *Parlez de la Cie de Lyon-Midi;* 10. ... *de ses grands trajets;* 11. ... *de ses embranchements vers la frontière;* 12. ... *de la Cie de l'Est;* 13. ... *de ses grands trajets;* 14. ... *de la ligne d'Orléans à Châlons;* 15. ... *de la Cie du Nord;* 16. ... *de ses grands trajets.*

17. *Tracez la marche à suivre pour aller de Paris à Londres;* 18. ... *à Bruxelles et à La Haye;* 19. ... *à Copenhague;* 20. ... *à Stockholm;* 21. ... *à Berlin;* 22. ... *à St-Pétersbourg;* 23. ... *à Vienne;* 24. ... *à Constantinople;* 25. ... *à Berne;* 26. ... *à Athènes et à Rome;* 27. ... *à Madrid et à Lisbonne.*

CHEMINS DE FER.

COLONIES FRANÇAISES

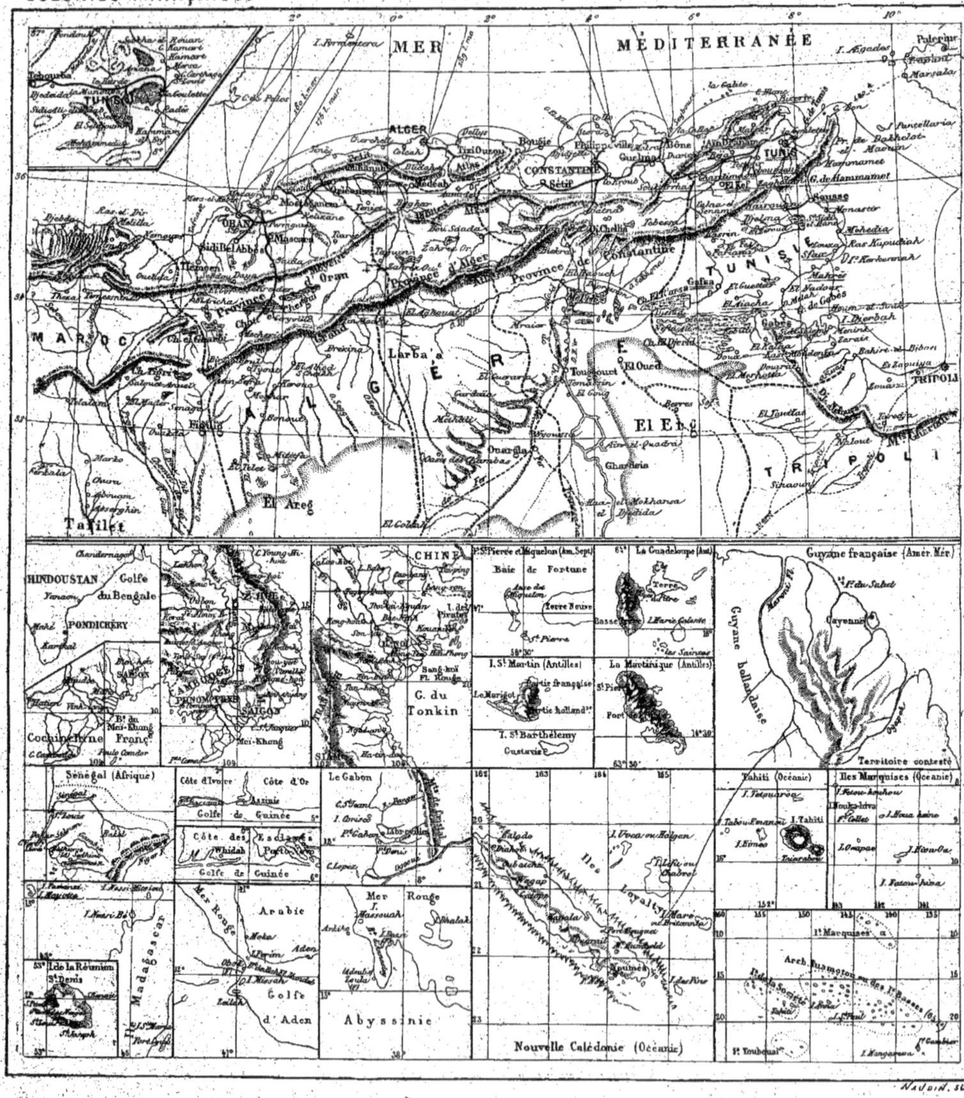

MER MÉDITERRANÉE

MAROC

ALGÉRIE

TUNISIE

TRIPOLI

Tafilet

El Areg

El Eleg

ALGER
ORAN
CONSTANTINE
Province d'Alger
Province de Constantine
Province d'Oran

TUNIS
TRIPOLI

HINDOUSTAN
Golfe du Bengale
PONDICHÉRY

CHINE
G. du Tonkin

CAMBODGE
PNOM-PENH
SAIGON
Cochinchine Française

St Pierre et Miquelon (Am. Sept.)
Baie de Fortune
Terre Neuve

La Guadeloupe (Ant.)

Guyane française (Amér. Mér.)
Guyane hollandaise
Cayenne
Territoire contesté

I. St Martin (Antilles)
La Martinique (Antilles)
Fort de France
I. St Barthélemy

Sénégal (Afrique)

Côte d'Ivoire
Côte d'Or
Golfe de Guinée
Côte des Esclaves
Whidah
Porto Novo
Golfe de Guinée

Le Gabon

Tahiti (Océanie)
Iles Marquises (Océanie)

Madagascar

Mer Rouge
Arabie
Aden
Golfe d'Aden
Abyssinie

I. de la Réunion
St Denis

Nouvelle Calédonie (Océanie)

Iles Loyalty

COLONIES FRANÇAISES.

1. ÉTENDUE ET POPULATION. Les possessions françaises hors de l'Europe ont une étendue d'environ 1,800,000 kil., et une population de près de 30,000,000 d'hab. Les principales sont : l'*Algérie* et la *Tunisie*; le Sénégal et les possessions de la Guinée et du Congo (*Ouest-Africain*); la Réunion, Madagascar et Obok; la Cochinchine, le Cambodge, l'Annam et le Tonkin; la Nouvelle-Calédonie, les Antilles et la Guyane.

ALGÉRIE.

2. ACQUISITION. C'est en 1830 que Charles X, pour venger l'insulte faite par le dey d'Alger à M. Deval, consul de France, fit la conquête d'Alger, complétée depuis par celle de tout le pays.

3. ASPECT PHYSIQUE. L'Algérie va en s'élevant jusqu'à la chaîne du *Grand-Atlas*, et s'abaisse ensuite vers le *Sahara*. Le *Petit-Atlas* et le *Moyen-Atlas* traversent la région du nord dont le sol fertile a reçu le nom de *Tell* (terre arable).

4. COURS D'EAU. Le Tell est arrosé par plusieurs cours d'eau. Les principaux sont à l'O. :
1° La *Tafna* et son affluent, l'Isly, où Bugeaud vainquit les Marocains (1844);
2° La *Macta*, formée du Sig et de l'Habrah;
3° Le *Chéliff* (695 k.), qui baigne Taguin, où le duc d'Aumale enleva la smalah d'Abd-el-Kader (1843), puis Boghar et Orléansville;
4° L'*Oued-Sahel*, qui passe au défilé des Portes de fer (*Bibans*), baigne, par ses affluents, Aumale et Sétif, et finit près de Bougie;
5° L'*Oued-El-Kébir* (Rummel), qui arrose Constantine;
6° La *Seybouse*, qui baigne Guelma et Bône.

5. HAUTS-PLATEAUX. Entre le Moyen et le Grand-Atlas s'étend la région des *Hauts-Plateaux*, élevée de 700 à 1,000 mètres au-dessus de la mer. C'est une *plaine sans arbres*, parsemée de *chotts* ou lacs salés, et couverte d'alfas et d'armoises, qui nourrissent les troupeaux du Sahara en été.

6. SAHARA ALGÉRIEN. Le *Sahara algérien* est la portion du Sahara, située près du Grand-Atlas. Elle comprend des steppes et quelques oasis, fertiles en dattiers. Privé d'eau de mai en octobre, le Sahara se couvre en hiver d'une végétation herbacée, bonne pour les troupeaux.

7. ADMINISTRATION. L'Algérie est administrée par un gouverneur civil, qui réside à *Alger*, capitale de la colonie; elle forme trois départements, subdivisés en arrondissements :
1° *Alger* (70,000 h.), Médéah, Milianah, Orléansville et Tizi-Ouzou;
2° *Constantine* (45,000 h.), Bône, Bougie, Guelma, Philippeville et Sétif;
3° *Oran* (60,000 h), Mascara, Mostaganem, Sidi-Bel-Abbès et Tlemcen.

8. POPULATION. L'Algérie, bien que plus étendue que la France, ne compte que 3,300,000 h. Les indigènes sont : 1° les *Arabes*, nomades de la plaine et Maures des villes; 2° les *Kabyles* de race berbère, qui sont fixés dans les montagnes; 3° les *Koulouglis* ou Turcs; 4° les nègres. Ils sont presque tous musulmans.

9. EUROPÉENS. La population européenne compte 400,000 colons, dont 170,000 Français, 165,000 Espagnols. Les autres sont Maltais, Italiens, Suisses, etc. Presque tous professent la religion catholique. Il y a un *archevêque* à Alger, et des *évêques* à Constantine et à Oran. 30,000 sont israélites.

10. PRODUCTIONS. Le *Tell* produit en abondance des céréales; le coton, le tabac, l'olivier, l'oranger, le dattier y prospèrent. Les *forêts* donnent de beaux bois, surtout du chêne-liège.

L'Algérie élève 150,000 chevaux arabes, autant de mulets et d'ânes, beaucoup de chameaux; 7 millions de moutons, 3 millions de chèvres. Il y a beaucoup d'animaux sauvages (lions, panthères, etc.) dans les bois.

L'Algérie offre des mines de fer, de cuivre, de plomb et de zinc; mais elle manque de houille. Ses montagnes offrent du marbre statuaire; on pêche le corail sur ses côtes.

11. COMMERCE. Le commerce de la France avec l'Algérie s'élève à 300 millions. Les *chemins de fer* d'Oran à Alger, par Orléansville; de Philippeville à Constantine, de Constantine à Tunis, etc., facilitent l'écoulement des produits. Des *paquebots* de Marseille et de Cette à Alger, à Oran, à Philippeville et à Bône, opèrent l'exportation et l'importation (500 millions).

12. TUNISIE. Depuis 1881, la *Tunisie* est placée sous le protectorat de la France. Sa capitale est *Tunis* (130,000 h.). Pop. 2,000,000 d'h.

La Tunisie est traversée par les prolongements de l'Atlas et arrosée au nord par la Medjerdah. Au sud, le sol est sablonneux, parsemé de chotts salés, parfois inférieurs au niveau de la mer.

Les villes principales sont *la Goulette*, port de Tunis; *Bizerte*, au N.; *Sousse* et *Kairouan*, au C.; *Sfax*, *Gabès* et *Gafsa*, au S.

Le pays est fertile en céréales, olives, fruits, et fait un commerce de 100 millions.

SÉNÉGAL ET GUINÉE.

13. POSITION. La France possède à l'ouest de l'Afrique le Sénégal, les comptoirs de la Guinée, et l'*Ouest-Africain*, entre l'Ogôoué et le Congo.

14. SÉNÉGAL. La colonie du Sénégal comprend les bords de ce fleuve (1600 k.), le cours supérieur du Niger, et le littoral.
V. p. *Saint-Louis* (15,000 h.), cap., Bakel et Dakar, bon port près du cap Vert. Un chemin de fer unit St-Louis à Dakar, où viennent toucher les *Transatlantiques de Bordeaux*.

15. POPULATION. 200,000 indigènes forment avec 300 Français la population de la colonie : Peuls ou Foulah, d'origine berbère; ou nègres, comme les Mandingues, les Sérères et les Wolofs.

16. GOUVERNEMENT. Un gouverneur français réside à Saint-Louis du Sénégal. Le pays est divisé en deux arrondissements : Saint-Louis et Dakar, et un commandement militaire, Bakel. Le gouverneur étend son autorité sur Grand-Bassam (Côte-d'Ivoire), Assinie (Côte-d'Or), et Porto-Novo, Etat protégé sur la Côte-des-Esclaves.

17. OUEST-AFRICAIN. Dans la Guinée supérieure, la France a accru ses possessions de l'Ogôoué par l'acquisition du littoral jusqu'au Chiloango et de l'intérieur jusqu'au Congo. (Voir carte d'Afrique.)

M. de Brazza, explorateur français, a fondé *Lopez* sur la côte; *Franceville* sur l'Ogôoué supérieur, et *Brazzaville* sur le Congo.

18. AFRIQUE ORIENTALE. A l'est de l'Afrique, la France possède l'île de la *Réunion*, c. Saint-Denis, Tamatave et divers points de Madagascar, Port-Louis et l'île Ste-Marie; Nossi-Bé et *Mayotte* (I. Comores).

La *Réunion*, peuplée de 170,000 hab., produit le sucre et le café dit Bourbon. *Saint-Denis* (20,000 hab.) est la résidence du gouverneur français.

La France s'établit à *Obok*, port du golfe d'Aden; elle a des droits sur l'île Dessi et Zoula ou Adoulis, dans la mer Rouge.

19. POSSESSIONS D'ASIE. La France possède :
1° dans l'Hindoustan, cinq comptoirs : *Mahé*, sur la côte de Malabar; *Karikal*, *Pondichéry* et *Yanaon*, sur la côte de Coromandel; *Chandernagor*, au Bengale. On y compte 260,000 hab. Le gouverneur français réside à Pondichéry (50,000 hab.);
2° Dans l'Indo-Chine, la *Basse-Cochinchine*, c. Saïgon, occupée en 1859. Le pays, divisé en six provinces, est arrosé par le fl. Mei-Kong. Il produit le soie, le coton, le tabac, le sucre, le riz, etc. L'île Condor ou *Poulo-Condor* en dépend. Popul. 1,600,000 h.

Le protectorat du *Cambodge*, ch.-l. Pnompenh; de l'*Annam*, ch.-l. Hué, et le *Tonkin*, ch.-l. Hanoï (40,000 h.). Le Tonkin est arrosé par le fl. *Rouge* (Song-Coï) et ses affluents : à g., la r. *Claire*; à dr., la r. *Noire*. V. p. Haï-Phong, bon port; Son-Tai, Nam-Dinh, Bac-Ninh, Lang-Son. — Pop. 23,000,000 d'h., dont 15,000,000 au Tonkin.

20. POSSESSIONS DE L'OCÉANIE. La France possède dans la *Mélanésie* l'île de la *Nouvelle-Calédonie*, ch.-l. Nouméa (3,000 h.), et ses dépendances, qui sont les îles *Loyalty* à l'E. et l'*île des Pins* au sud.

Montagneuse, saine et fertile, elle contient des mines de nickel, de houille, de fer et d'or. Le groupe est peuplé de 50,000 indigènes, appelés Canaques, et de 15,000 Européens. C'est là que sont réunis les condamnés à la déportation.

Dans la *Polynésie*, la France a pris possession de plusieurs archipels : 1° des *îles de la Société*, dont la principale est Tahiti, ch.-l. Papéiti; 2° des *îles Toubouaï*; 3° des *îles Gambier*; 4° des *îles Touamotou* ou îlos Basses; 5° des *îles Marquises*, dont la principale est Nouka-Hiva. — Elle a occupé l'*île Clipperton*, à l'O. de l'isthme de Panama.

21. POSSESSIONS D'AMÉRIQUE. La France possède en Amérique : 1° les îles *Saint-Pierre* et *Miquelon*, station pour nos pêcheurs de morue, sur les côtes de Terre-Neuve;
2° Dans les Antilles, l'île *St-Barthélemy*, la partie nord de St-Martin, c. Marigot; la *Guadeloupe* (130,000 h.), c. Basse-Terre (10,000 h.), avec ses dépendances, qui sont la *Désirade*, *Marie-Galante*, et les *Saintes*; la *Martinique* (150,000 h.), c. Fort-de-France (11,000 h.). Ces îles sont fertiles en café, sucre, cacao;
3° La *Guyane française*, c. Cayenne (8,000 h.), pays peu salubre, arrosé par le Maroni et l'Oyapok. On n'y déporte plus que les condamnés africains. Pop. 25,000 h.

22. COMMUNICATIONS. Les *Messageries de Marseille* font le service, par la mer Rouge, avec la Réunion, Pondichéry, Saïgon, Shang-Haï et Yokohama (près d'Yedo), et de la Réunion avec l'Australie et la Nouvelle-Calédonie. Les *Transatlantiques de Bordeaux* touchent à la Guadeloupe et à la Martinique, en allant à Aspinwall ou Colon; à Dakar, en se rendant à Buenos-Ayres.

QUESTIONNAIRE. 1. *Parlez des possessions françaises hors de l'Europe*; 2. ... *de la conquête de l'Algérie*; 3. ... *de son aspect physique*; 4. ... *de ses cours d'eau*; 5. ... *des Hauts-Plateaux*; 6. ... *du Sahara algérien*; 7. ... *de l'administration et des divisions de l'Algérie*; 8. ... *de sa population*; 9. ... *des Européens.*

10. *Quelles sont les productions de l'Algérie*? 11. *Quel en est le commerce*? 12. *Parlez de la Tunisie*; 13. ... *des possessions françaises à l'O. de l'Afrique*; 14. ... *du Sénégal*; 15. ... *de sa population*; 16. ... *de son gouvernement*; 17. ... *de l'Ogôoué et de l'Ouest-Africain*; 18. ... *des possessions dans l'Afrique orientale.*

19. *Quelques mots sur les possessions françaises en Asie*; 20. ... *en Océanie*; 21. ... *en Amérique*; 22. *Quelles Compagnies font le service des colonies*?

PALESTINE ANCIENNE.

1. BORNES. La *Palestine ancienne* était bornée : à l'O., par la *mer Méditerranée;* au N., par la *Phénicie* et le *Léontès,* le *Liban* et la partie de l'*Anti-Liban* où le Jourdain prend sa source; à l'E., par les *déserts* de Syrie et d'Arabie; au S., par l'*Arabie Pétrée* et l'*Égypte.*

GÉOGRAPHIE PHYSIQUE.

2. MONTAGNES. La Palestine est traversée du nord au sud par *deux chaînes de collines,* qui sont le prolongement de l'Anti-Liban.

La *chaîne occidentale* sépare les eaux du bassin de la mer Morte des eaux qui coulent dans la Méditerranée. Elle projette à l'E. les monts *Gelboë* (mont Thabor); à l'O. le mont *Carmel,* les monts *Gárizim,* les monts d'*Ephraïm* et les monts de *Judée.*

La *chaîne orientale* offre le mont *Hermon,* les monts de *Galaad* et les monts *Abarim.*

3. COURS D'EAU. La *Méditerranée* ne reçoit de la Palestine que des cours d'eau sans importance. A l'intérieur coule le *Jourdain,* qui descend de l'Anti-Liban, forme *deux lacs,* le 1ᵉʳ dit *Eaux de Mérom,* et le *lac de Génésareth* ou mer de Galilée. Il se déverse ensuite dans le *lac Asphaltite,* ou *mer Morte.*

4. MER MORTE. La *mer Morte* est un vaste réservoir d'eaux salées, bitumineuses et cependant très limpides, de 100 kil. de long sur 25 kil. de large. Le *niveau* de cette mer est à 435 m. au-dessous de la mer Méditerranée; c'est le plus grande dépression que l'on connaisse sur la terre. Les poissons ne peuvent vivre dans les eaux de ce lac. C'est sur ses bords que furent englouties, du temps d'Abraham, les *villes maudites,* entre autres *Sodome* et *Gomorrhe.*

5. VILLES PRINCIPALES. La capitale de la Palestine était *Jérusalem,* la ville sainte, bâtie sur les sommets Moria, Sion, Acra et Bézétha, la ville la plus peuplée et la plus forte de la Palestine; elle tire sa plus grande célébrité de la vie et de la mort de Notre-Seigneur.

Les autres villes signalées par la vie de N.-S. et la prédication de l'Évangile, sont : *Bethléem,* où il est né; *Nazareth,* où il a vécu jusqu'à l'âge de trente ans; *Cana, Capharnaüm,* où il a opéré des miracles; *Bethsaïde,* patrie de saint Pierre, et *Tibériade,* sur le lac de Génésareth.

6. AUTRES VILLES : *Samarie, Jéricho, Gaza, Béthulie, Ptolémaïs, Césarée* et *Joppé* tirent leur célébrité de l'histoire des Juifs.

Samarie était la capitale du royaume d'Israël; Jéricho fut prise par Josué; Gaza rappelle Samson; Béthulie, Judith; les suivantes étaient les ports les plus fréquentés de la côte. C'est à Joppé que Jonas s'embarqua.

GÉOGRAPHIE HISTORIQUE.

7. PARADIS TERRESTRE. L'*emplacement du paradis terrestre* n'est point connu d'une manière certaine. On croit qu'il était situé en *Arménie,* où l'on trouve le mont *Ararat.* C'est là que l'arche s'arrêta, après l'écoulement des eaux du déluge.

8. FORMATION DES PEUPLES. Les *descendants de Sem* peuplèrent surtout l'Asie occidentale; *ceux de Cham,* l'Afrique; *ceux de Japhet,* l'Europe et l'Inde. Nemrod, petit-fils de Cham, fonda *Babylone,* et Assur, 2ᵉ fils de Sem, fonda *Ninive.* On croit avoir retrouvé à Babylone les ruines de la *Tour de Babel.*

9. ORIGINE DES HÉBREUX. *Abraham,* 9ᵉ descendant de Sem, avait, avec son père Tharé, quitté *Ur,* ville de la Chaldée en Babylonie, pour s'établir à *Harran* ou Charres, en Mésopotamie. Sur l'appel de Dieu, Abraham quitta Harran et *vint en Palestine,* où vivaient les *Chananéens,* descendants de Cham. La postérité d'Abraham a formé le peuple *hébreu,* qui a reçu ce nom d'un ancêtre d'Abraham.

10. MIGRATION EN ÉGYPTE. *Jacob,* petit-fils d'Abraham, à l'appel de Joseph, *passa en Égypte* avec les Hébreux (70 personnes). Deux siècles plus tard, Moïse, par ordre de Dieu, les fit sortir d'Égypte, et Josué, franchissant le Jourdain, envahit, les armes à la main, la Palestine, ainsi appelée des Philistins.

11. LA CONQUÊTE. *Josué* prit Jéricho, soumit les Jébuséens et les autres peuples chananéens, et, après six ans de combat, *fit le partage du pays* à *Silo.* Il le divisa en douze tribus, selon le nombre des fils de Jacob; les *tribus d'Ephraïm* et de *Manassé* tinrent lieu des tribus de Joseph et de Lévi; mais comme la *tribu de Manassé eut deux lots séparés,* il en résulta 13 divisions géographiques.

12. TRIBUS. Les tribus étaient :

Trois à l'est.

1. *Ruben,* v. p. Hésebon (mort de Moïse).
2. *Gad,* v. p. Ramoth-Galaad.
3. *Manassé oriental,* v. p. Bethsaïde.

Deux au nord.

1. *Nephtali,* v. p. Césarée de Philippe, Capharnaüm.
2. *Azer,* v. p. Ptolémaïs.

Six à l'ouest.

1. *Zabulon,* v. p. Nazareth, Cana, Béthulie.
2. *Issachar,* v. p. Jezraël.
3. *Manassé occidental,* v. p. Césarée, Mageddo.
4. *Ephraïm,* v. p. Sichem, Samarie, Silo.
5. *Dan,* v. p. Joppé, Emmaüs, Modin.
6. *Benjamin,* v. p. Jérusalem, Jéricho.

Deux au sud.

1. *Juda,* v. p. Hébron, Bethléem.
2. *Siméon,* v. p. Bersabée, Hormah.

13. PEUPLES VOISINS, etc. Sur les frontières, on voyait les *Philistins* au sud-ouest; les *Phéniciens* et les *Syriens* au nord; les *Ammonites,* les *Amorrhéens,* les *Moabites* au sud-est; les *Madianites,* les *Iduméens* et les *Amalécites* au sud.

14. APOGÉE. *David* (1055-1015) et *Salomon* (1015-975) étendirent leur autorité jusqu'à l'Euphrate. David fonda *Jérusalem;* Salomon y bâtit le Temple de Dieu, et fonda dans le désert *Palmyre,* la ville des palmiers; mais à sa mort, la Palestine rentra dans ses limites.

Jérusalem fut d'abord appelée Jébus; David l'agrandit en réunissant Sion au mont Moria; plus tard, elle s'accrut de Bézétha, quartier nord où Hérode bâtit la forteresse Antonia.

15. JUDA ET ISRAEL. Le *schisme des dix tribus* amena la formation de *deux royaumes* (976) :

1° Le royaume d'*Israël,* qui comprenait les dix tribus du nord; sa capitale fut d'abord Sichem, puis Samarie; il fut ruiné par Salmanazar, après avoir duré 255 ans (721 ou 718).

2° Le royaume de *Juda,* qui comprenait les tribus de Juda et de Benjamin, avec Jérusalem pour capitale; il fut ruiné par Nabuchodonosor, qui s'empara de Jérusalem (vers 606), en punit les révoltes et la détruisit (vers 587). Le royaume de Juda avait duré 389 ans.

16 LA DÉPENDANCE. La Palestine devint alors *dépendante* des vastes empires des Perses (606-333) et des Grecs (333-167). La *persécution d'Antiochus-Epiphane* amena la révolte des Juifs à Modin (167). Conduits par les *Machabées,* après 24 ans de lutte (167-143), les Juifs firent reconnaître leur indépendance par Démétrius Nicator, et donnèrent la couronne aux descendants des Machabées (135-39).

17. LES 4 PROVINCES. La Palestine, après la captivité, s'appela la *Judée* et fut divisée en quatre provinces, à savoir :

1° La *Judée* prop. dite, cap. Jérusalem, au sud;
2° La *Samarie,* cap. Samarie, au centre;
3° La *Galilée,* cap. Diocésarée, au nord-ouest;
4° La *Pérée,* cap. Pella, à l'est du Jourdain.

La *Judée* comprenait les tribus de Dan, Siméon, Juda et Benjamin; la *Samarie,* celles d'Ephraïm, de Manassé occ. et d'Issachar; la *Galilée,* celles de Zabulon, d'Azer et de Nephtali; la *Pérée,* celles de Ruben, Gad et Manassé oriental.

18. LES 4 TÉTRARCHIES. *Hérode,* l'Ascalonite, ayant dépouillé les descendants des Machabées et conquis la Phénicie, l'Iturée, la Trachonite et l'Abylène, divisa la Judée en quatre tétrarchies :

La 1ʳᵉ comprenait la Judée et la Samarie.
La 2ᵉ... » ... la Galilée et le sud de la Pérée.
La 3ᵉ... » ... le nord de la Pérée et l'Iturée.
La 4ᵉ... » ... l'Abylène.

Ces tétrarchies échurent en partage : 1° à *Archélaüs;* 2° à *Hérode-Antipas,* le meurtrier de saint Jean-Baptiste; 3° à *Hérode-Philippe;* 4° à *Lysanias.*

19. RÉDUCTION EN PROVINCE ROMAINE. L'an 6 de l'ère chrétienne, les Romains confisquèrent la *tétrarchie d'Archélaüs* et la réunirent à la *province de Syrie,* sous l'administration d'un procurateur. C'est sous l'administration de Ponce-Pilate, le 5ᵉ procurateur (25-36 ap. J.-C.), que Notre-Seigneur subit, pour nous sauver, le supplice de la croix.

20. RUINE DE JÉRUSALEM. Jérusalem fut prise et ruinée par Titus, l'an 70. Environ 40 ans après la mort de Notre-Seigneur, les Juifs, révoltés, subirent les horreurs du siège qu'il avait prédit. Titus s'empara de la ville; malgré ses ordres, le temple fut la proie des flammes; 1,100,000 hommes y avaient péri et 97,000 y furent faits prisonniers (70 ap. J.-C.).

Julius Severus, en 130, sous l'empereur *Adrien,* acheva de détruire la ville déicide et en changea le nom en celui d'*Ælia Capitolina.* Elle ne reprit son nom que sous Constantin. *Julien* l'apostat voulut relever le temple pour donner un démenti aux prophéties; mais les flammes sortant du sol l'en empêchèrent (360).

QUESTIONNAIRE. 1. *Indiquez les bornes de la Palestine ancienne;* 2. ... *ses montagnes;* 3. ... *ses cours d'eau et ses lacs.* 4. *Décrivez la mer Morte.* 5. *Citez la capitale et les villes signalées dans la vie de Notre-Seigneur;* 6. ... *les autres villes.*

7. *Quelques mots sur le paradis terrestre;* 8. ... *sur la formation des peuples;* 9. ... *sur l'origine des Hébreux;* 10. ... *sur leur migration en Égypte;* 11. ... *sur la conquête de la Palestine;* 12. ... *sur la division en tribus;* 13. ... *sur les peuples voisins;* 14. ... *sur l'apogée du royaume.*

15. *Parlez des royaumes de Juda et d'Israël;* 16. ... *de la période de dépendance et de leur délivrance;* 17. ... *de la division en quatre provinces;* 18. ... *en quatre tétrarchies;* 19. ... *de la réduction en province romaine;* 20. ... *de la ruine de Jérusalem.*

Lille. Typ. J. Lefort.

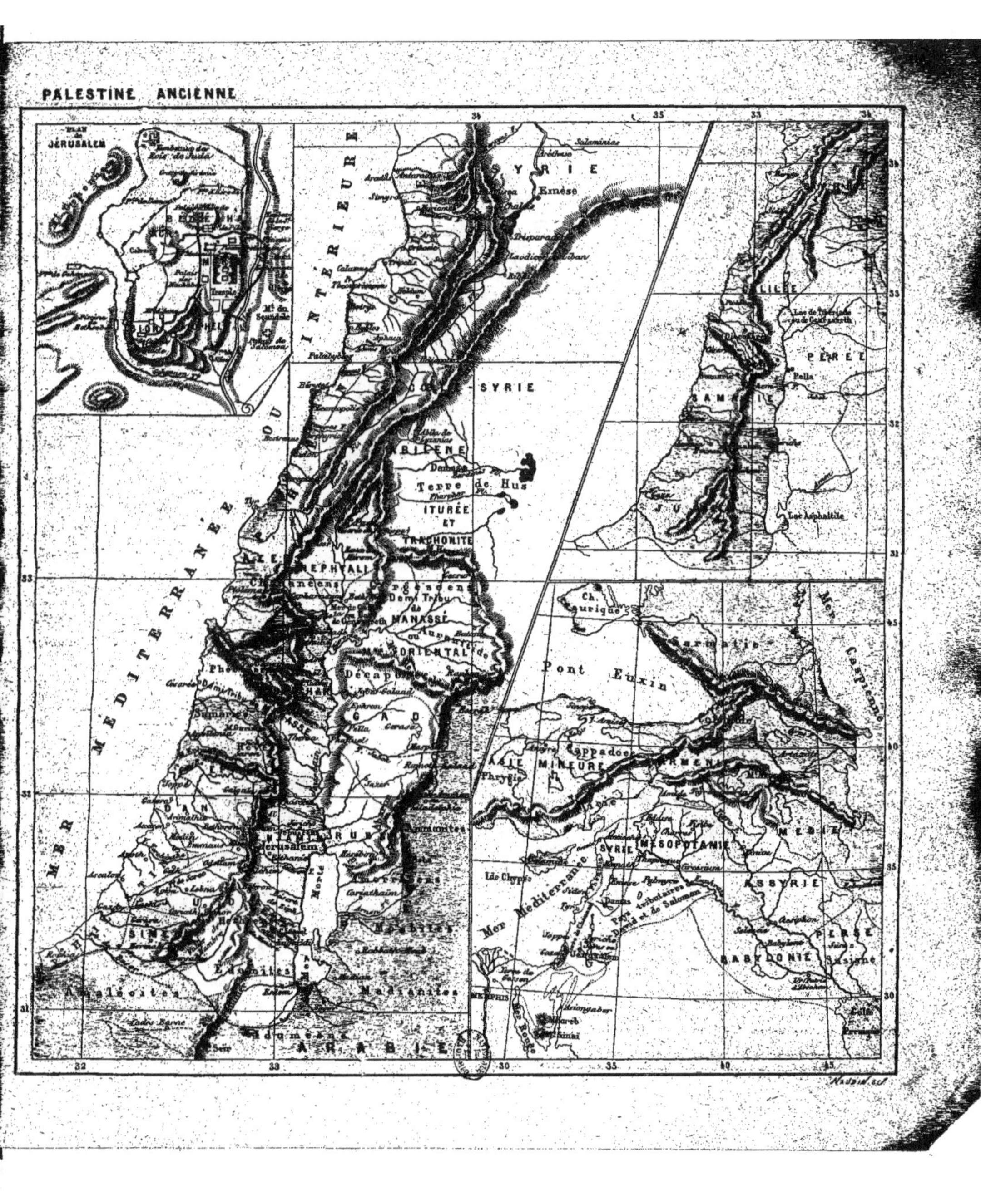

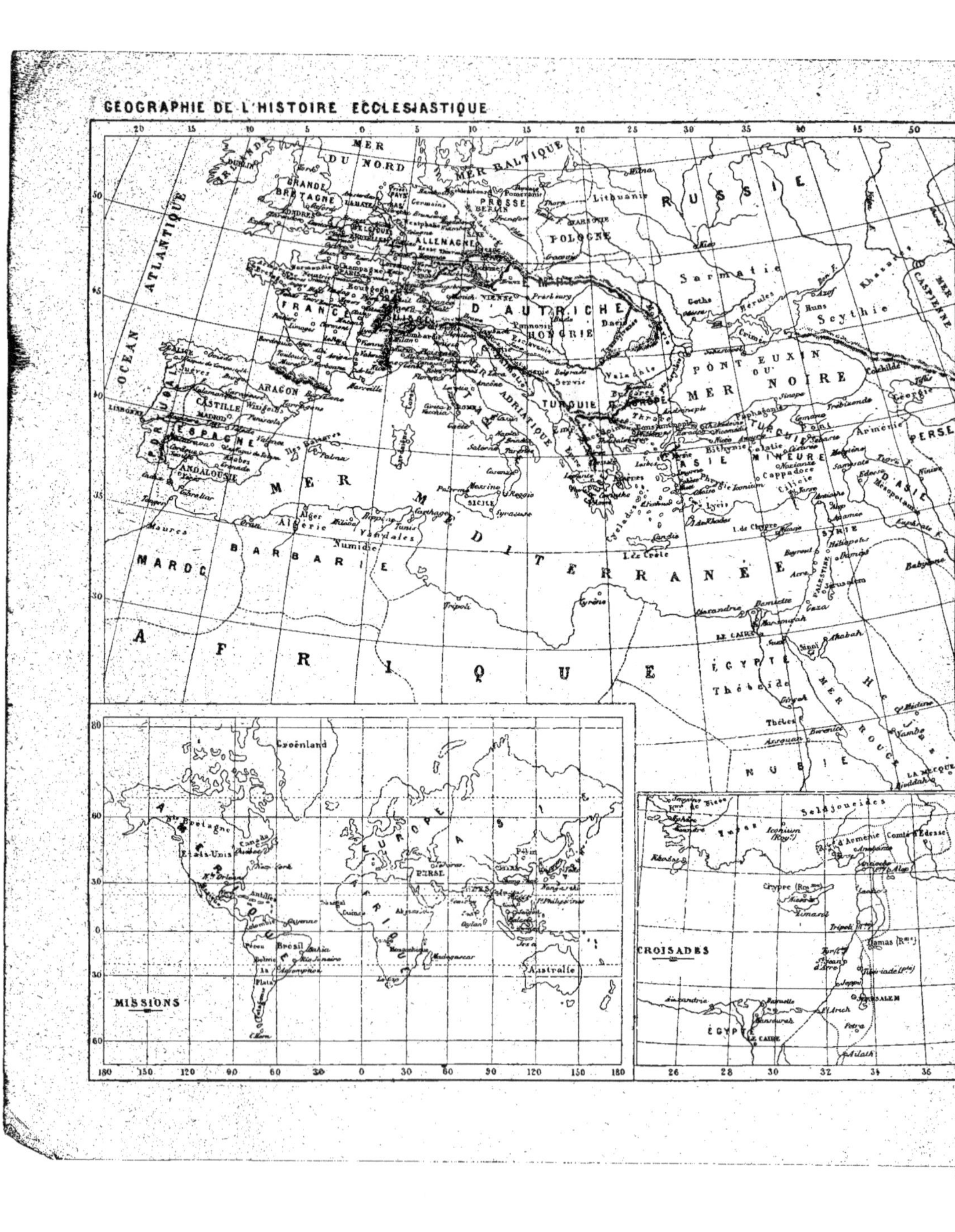
MISSIONS
CROISADES